線型経済理論と中国経済のターンパイク

Marx, Sraffa, von Neumannを基礎として

李 幇喜
Li Bangxi

日本経済評論社

序　文

　中国はこの三十数年間，高度経済成長を達成してきた．この成長の背景には，様々な要因が潜んでいるのは明らかである．ここで，一つ不可欠な要素として挙げるべきは設備投資である．今日の中国経済は，正に設備投資抜きでは議論し難いものである．それ故，理論的には，固定資本を含む多部門経済模型の基礎的枠組を把握し，その応用として中国経済を論ずる方向性や可能性を探求する．

　中国の著名な数学者華羅庚は計画経済と Perron-Frobenius 定理との関係について，論文 LooKeng Hua (1984) を発表した．当該論文は，経済学の分野に於いて，その後注目された様子はなかったが，然し問題意識自体は現在でも重要である．華羅庚の議論と類似の議論はむしろ日本や欧州で盛んに行われてきている．

　本書では，新古典派的な手法を使って固定資本を含む経済模型を構築するのではなく，むしろ Ricardo, Marx, Sraffa, Post Keynesian 的な手法によって，議論を展開する．議論の対象となる多部門経済模型としては線型の体系を取り上げ，とりわけ固定資本問題に焦点を当てる．

　線型構造を基本とした線型経済学は既に 1960 年前後に登場した．線型経済学とは，簡潔に云えば，主な経済変数の間の関係が 1 次式の様な枠組を基礎とする経済理論を指すものである．

　該当の理論分野では，多くの先行研究がなされている．例えば，置塩 (1957; 1971; 1975)，置塩・中谷 (1975)，中谷 (1994)，越村 (1956; 1967)，Domar (1957), Sraffa (1960), Gale (1960), Bródy (1970), Steedman (1977), Abraham-Frois and Berrebi (1979), Pasinetti (1977; 1980), Fujimori

(1982), Schefold (1989; 1997), Kurz and Salvadori (1995), Bidard (2004), Lager (1997; 2006) である．最近では，Dupertuis and Sinha (2009), Mariolis and Tsoulfidis (2010) 等がある．

　これ等の研究の多くに於いては，全ての財が非耐久的で結合生産が含まれない Leontief 型の経済模型を出発点として，結合生産一般を許容する von Neumann 模型まで幅広く議論されている．議論の中心は，成長と分配に関するもので，賃金・利潤，投資・成長，斉一成長率・均等利潤率等の間の諸関係が議論の対象となる．尚，本書では均等利潤率を屡々利潤率と略称する．

　本書は李幇喜 (2012) の博士論文を基礎として構成されている．本書の内容は以下の通りである．

　第 1 章では，Sraffa-置塩-中谷 (SON) の固定資本経済を中心に議論する．先ず，置塩・中谷の方法を正則変換の観点から再整理し，それが行列束のスペクトルを探索する一方法である事を示す．次に，Sraffa の標準商品概念の SON 経済への拡張可能性を検討する．既存の先行研究を整理した上で，特に，賃金利潤の背反関係の確認や，相対価格と分配の独立性等が議論の対象である．集計因子としての財の産出量比率と云う角度で考察する場合，賃金利潤曲線を依然として直線たらしめる集計因子が存在するか否か点検する．最後に，SON 経済に於ける Cambridge 方程式を中心に論ずる．新品，中古固定資本を含む価格体系，操業水準体系と，SON 経済に於ける価格体系，産出量体系との関係を解明し，減価償却と更新，利潤と成長の諸関係を明かにした上で，SON 経済に於ける Cambridge 方程式の成立を示す．

　第 2 章では，先ず固定資本の更新過程に於ける動学的特性を明かにする．更に，固定資本更新模型を年齢別に細分化し，更新動学に於ける減価償却再投資の問題を固有値問題として分析する．固定資本の更新過程の固有値問題と置塩・中谷の分解とがどのような関係にあるか確認する．

　第 3 章では，結合生産系の均衡の探索と安定性を議論の対象とする．第一に，問題意識となる華羅庚 (Hua LooKeng) 命題の素描（双対不安定性）を示

す．第二に，一般的な結合生産体系と固有値問題を取り上げる．Marx-Sraffa の基本的枠組を提示し，Moore-Penrose の擬似逆行列を応用し，非基礎財の存在も含めて，主に生産価格体系を中心に議論を展開する．第三に，上述の理論的結果を模擬計算で検証し，Marx-Sraffa 価格の動学均衡の不安定性も数値例で確認する．

第 4 章では，固定資本の経済的耐用年数を内生的に如何に決定するか，模擬計算を中心に議論する．主に，経済的耐用年数や，利潤率，焼入効果等を線形計画問題を応用して行う．更に，線形計画問題の最適解が Moore-Penrose の擬似逆行列に依る計算結果と一致するか確認する．

第 5 章では，公表の中国産業連関データを利用し，線型経済理論に於ける幾つか重要と思われる理論的指標を試算する．具体的に，消費投資曲線，Marx 型 2 部門模型の指標群，Turnpike 経路等である．その計算手順及び関連結果を詳しく示す．

第 6 章では，中国経済に於ける von Neumann-Leontief 型賃金利潤曲線を試算する．先ず，Sraffa-Fujimori 方式に依り，中国の粗投資行列データを利用し，限界固定資本係数を推計する．更に，新品財のみからなる von Neumann-Leontief 型賃金利潤曲線を描画する．

第 7 章では，前章で試算された固定資本係数を利用し，固定資本を含む中国経済に於ける生産価格・価値比率や，有機的構成，固定資本・労働比率，剰余価値率を計算し，中国経済の構造的特徴を明らかにする．

第 8 章では，固定資本を含む Marx-Sraffa-von Neumann 模型の中国経済へ応用する事を中心に議論する．先ず，理論的には，Канторович 模型と DOSSO 模型との同一性を示す．次に，具体的数値計算では，主に Канторович の展望計画論を基に，第 6 章で推計した中国の固定資本係数や公表された産業連関表等のデータを使用し，所定の消費財比率の組数を最大化すると云う中国経済への応用計算を行なう．中国経済に於ける幾つかの特徴を明らかにする．

第 9 章では，主な結論及び残された課題と今後の展望に就いて要約する．

尚，第6章の部分は英文論文として博士論文以降に公表された．又，第7章は別の（査読）英文論文として博士論文以降に公刊されたものであるが，題材的には博士論文の内容と密接に関係するものであるので，本書に収録した．それ等を明記すると，以下の通りである．

Li, Bangxi (2014), "Fixed Capital and Wage-Profit Curves à la von Neumann-Leontief: China's Economy 1987-2000," *Research in Political Economy*, Vol.29, pp.75-93.

Li, Bangxi (2014), "Marx's Labour Theory of Value and Its Implications to Structural Problems of China's Economy," *Economic and Political Studies*, Vol.2, No.2, pp.139-50.

本書の各章は独立の論文として執筆されたものであった．此の度一書にまとめるに当り，極力重複を避けるよう努力したが，読み易さの為もあり，必ずしも徹底していない．

本書を執筆するにあたり，多くの方々から御指導を頂いた．博士論文の副査を快く引受けて頂いた笠松學先生（早稲田大学政治経済学部），浅田統一郎先生（中央大学経済学部），内外の学会や研究集会で大変御世話になった中谷武先生（尾道市立大学），八木尚志先生（明治大学政治経済学部），新里泰孝先生（富山大学経済学部），産業連関表等のデータ収集に御世話になった斉舒暢氏（中国国家統計局），中国の政治経済学年会やシンポジウムで色々と御世話になった孟捷先生（清華大学社会科学学院），張宇先生（中国人民大学経済学院），栄兆梓先生（安徽大学経済学院），張忠任先生（島根県立大学総合政策学部），馬艶先生（上海財経大学経済学院），趙峰先生（中国人民大学経済学院），大学院時代の同じ研究室の先輩の都築栄司氏（千葉経済大学経済学部），国際会議や研究会で色々と有益なコメントやアドバイスを頂いた Luigi Lodovico Pasinetti 先生（Università Cattolica del Sacro Cuore, Italy），Bertram Schefold 先生（Johann Wolfgang Goethe-Universität, Germany），Christian Bidard 先

生 (University of Paris Ouest-Nanterre La Défense, France)，Heinz Kurz 先生 (Karl-Franzens-Universität Graz, Austria)，Neri Salvadori 先生 (Università di Pisa, Italy)，Dic Lo 先生 (SOAS, University of London, United Kingdom) に感謝の意を表したい．最後に，早稲田大学で修士課程，博士課程を含め 10 年以上に亘り指導教官として長い間御指導頂いた恩師の藤森頼明先生（早稲田大学政治経済学部）に感謝を申し上げたい．先生の下での 10 有余年，Marx 経済学を含む経済学全般を一から教えて下さり，ほぼマンツーマンでの御指導の下，未熟であった私を先生と共同研究が出来るまで育てて下さった．先生に出会えなければ，今の私の研究者としての生活は無いと云っても過言ではない．この学恩は決して忘れられないものである．

日本経済評論社の鴇田祐一氏には，読み辛い原稿を厳しい日程の中，書物に仕上げて戴いた．厚く御礼申し上げる．

本書は中華社会科学基金（Chinese Fund for the Humanities and Social Sciences，批准番号：14WJL007）及び清華大学人文社会科学振興基金研究プロジェクト（批准番号：2014WKYB006）による支援を受けた．記して謝意を表したい．

尚，本書の数値計算には，Maxima-5.23.2 及び Scilab-4.1.2 を使用した．又，本文は LaTeX で整形されている．これ等自由使用のパッケージの開発者に謝意を表する．

2015 年 3 月吉日於清華園

李　幇喜

数学記号凡例

本書で使用されている，主に行列やベクトルに係る若干の記法を説明する．

$\mathbf{o}, \mathbf{o}_n$	ゼロ行ベクトル．下添字は次元を示す．
$\mathbf{0}, \mathbf{0}^m$	ゼロ列ベクトル．上添字は次元を示す．
${}^t X$	行列 X の転置行列．
$O, O_{m,n}$	ゼロ行列．成分が全て 0 であるような行列．下添字は行列の次元を示す．
$E = \begin{pmatrix} 1 & 0 & \cdots & 0 \\ 1 & \ddots & \ddots & \vdots \\ \vdots & \ddots & \ddots & 0 \\ 1 & \cdots & 1 & 1 \end{pmatrix}$	部分列和行列．対角線以下の元は全て 1，それ等以外は全て 0 である．
$\operatorname{diag} v$	ベクトル v の元を対角元とする対角行列．
$\hat{x}$	$\operatorname{diag}(x)$ と同義．
$\max\{cx \mid Ax \leqq b,\ x \geqq \mathbf{0}\}$	線型計画問題．$Ax \leqq b$ を満し，cx を最大にする $x \geqq \mathbf{0}$ を求める．

目 次

序 文 　　　　　　　　　　　　　　　　　　　　　　　　　　　　　i

第 1 章　固定資本と Sraffa-置塩-中谷経済　　　　　　　　　　　　 1
1.1　序 1
1.2　固定資本経済と置塩・中谷の方法 2
1.3　SON 経済と標準商品 7
1.4　SON 経済と Cambridge 方程式 13
1.5　結 19

第 2 章　Markov 過程としての固定資本の更新動学　　　　　　　 21
2.1　序 21
2.2　固定資本更新の山田・山田模型 22
2.3　減価償却率と年齢別固定資本の運動 26
2.4　結 34

第 3 章　Marx-Sraffa 結合生産模型と固有値問題　　　　　　　　 37
3.1　序 37
3.2　華羅庚命題 38
3.3　Marx-Sraffa 模型と固有値問題 41
3.4　数値計算例：置塩・中谷の方法の場合 51
3.5　数値計算例：より一般的な結合生産の場合 56
3.6　結 61

第 4 章　固定資本の経済的耐用年数　　　　　　　　　　　　　63
- 4.1 序 63
- 4.2 基本模型 64
- 4.3 経済的耐用年数の決定に於ける模擬計算 65
- 4.4 固定資本の焼入効果に於ける模擬計算 69
- 4.5 物理的耐用年数に於ける模擬計算 73
- 4.6 Marx-Sraffa 模型に於ける模擬計算との比較 75
- 4.7 結 77

第 5 章　中国産業連関表と線型経済理論　　　　　　　　　　　83
- 5.1 序 83
- 5.2 消費投資曲線 84
- 5.3 Marx 型 2 部門模型 94
- 5.4 中国経済の最適 (Turnpike) 経路 103
- 5.5 経済計画 107

第 6 章　限界固定資本係数と賃金利潤曲線　　　　　　　　　111
- 6.1 序 111
- 6.2 Sraffa-Fujimori 方式—限界固定資本係数の推計 112
- 6.3 von Neumann-Leontief 型賃金利潤曲線 118
- 6.4 結 126

第 7 章　労働価値と中国経済　　　　　　　　　　　　　　　127
- 7.1 序 127
- 7.2 価値体系と生産価格体系 128
- 7.3 資本の有機的構成，固定資本-労働比率と剰余価値率 130
- 7.4 Spearman の順位相関係数 133

7.5	結	134

第 8 章　Marx-Sraffa-von Neumann 模型と中国経済　　137

8.1	序	137
8.2	Канторович 展望計画論	138
8.3	DOSSO 模型	140
8.4	展望計画論に依る中国経済への応用計算	143
8.5	結	150

第 9 章　結　論　　153

| 9.1 | 要約 .... | 153 |
| 9.2 | 課題と今後の展望 .... | 156 |

参考文献　　159

付録 A　Канторович 展望計画の計算結果　　173

索　引　　183

表目次

1.1	固定資本生産に於ける投入産出の数量関係	14
1.2	損益計算書：結合生産の場合	16
2.1	固定資本の更新と新投資	28
3.1	Marx-Sraffa 模型に於ける諸数値の設定	51
3.2	Marx-Sraffa 模型での生産価格時系列	55
3.3	Marx-Sraffa 模型での生産数量時系列	56
3.4	Marx-Sraffa 模型での生産価格時系列	60
3.5	Marx-Sraffa 模型での操業水準時系列	60
4.1	固定資本の基本的生産構造 ($i=1$)	64
4.2	可変能率固定資本の耐用年数の経済的決定	67
4.3	固定資本の焼入効果に於ける耐用年数の経済的決定	71
4.4	固定資本の物理的耐用年数に於ける実質賃金率 $\bar{f}$ の決定	74
5.1	中国産業連関表雛形	85
5.2	統計ベースの主要データ	88
5.3	統計データから試算された数値	89
5.4	2 部門開放経済	99
5.5	2 部門中国産業連関表（単位：億元）	100
5.6	構造・分配指標	102
5.7	中国 2 部門投入産出表より試算して得た von Neumann 数量比	106
5.8	計画問題の理論値 (x_1, x_2) 及び実績値 (x_1^*, x_2^*)（単位：億元）	106
6.1	中国産業連関表の部門分類と耐用年数	117
6.2	基本指標 (1987–2000)	117
6.3	von Neumann-Leontief 経済での長期賃金利潤関係 (1987–2000)	121
6.4	von Neumann-Leontief 経済での短期賃金利潤関係 (1987–2000)	121

7.1	生産価格-価値比率の時系列	131
7.2	生産価格-価値比率による部門分類	131
7.3	有機的構成時系列	132
7.4	固定資本-労働比率の時系列	133
7.5	Spearman の順位相関係数	134
8.1	固定資本，原料，消費財の部門分類と耐用年数	144
8.2	労働必要量の最適経路及び所与の労働供給量	148
8.3	Канторович 展望計画での最適解と現実値との比較（新品財）	148
A.1	展望計画に於ける年齢別種類別産出量時系列	174
A.2	展望計画に於ける年齢別種類別産出量時系列（続1）	175
A.3	展望計画に於ける年齢別双対価格時系列	176
A.4	展望計画に於ける年齢別双対価格時系列（続1）	177
A.5	展望計画に於ける年齢別双対価格時系列（続2）	178
A.6	固定資本束縛に依る年齢別産出量時系列	179
A.7	固定資本束縛に依る年齢別産出量時系列（続1）	180
A.8	労働資源制約に依る年齢別産出量時系列	181
A.9	労働資源制約に依る年齢別産出量時系列（続1）	182

図目次

3.1	生産の時間的構造	38
4.1	固定資本の耐用年数の経済的決定：$\tau = \tau(\alpha, r)$	68
4.2	固定資本年齢と能率との関係（焼入効果）	69
4.3	固定資本の耐用年数の経済的決定：$\tau = \tau(\beta, r)$	72
4.4	利潤率と経済的耐用年数との関係 ($\alpha = 0.90$)	78
4.5	固定資本能率と経済的耐用年数との関係 ($r = 0.20$)	79
4.6	経済的耐用年数と物理的耐用年数に於ける（実質）賃金利潤曲線	80
4.7	経済的・物理的耐用年数・焼入効果に於ける固定資本価格の比較	81
5.1	中国経済に於ける消費投資曲線（1981 年）	89
5.2	中国経済に於ける消費投資曲線（1987 年）	90
5.3	中国経済に於ける消費投資曲線（1990 年）	90
5.4	中国経済に於ける消費投資曲線（1992 年）	91
5.5	中国経済に於ける消費投資曲線（1995 年）	91
5.6	中国経済に於ける消費投資曲線（1997 年）	92
5.7	中国経済に於ける消費投資曲線（2000 年）	92
5.8	中国経済に於ける消費投資曲線（2002 年）	93
5.9	中国経済に於ける消費投資曲線（2005 年）	93
5.10	中国経済に於ける消費投資曲線（2007 年）	94
5.11	中国経済での von Neumann 数量比と Turnpike 経路 (1987–2007)	107
6.1	g_{t+1} と g_t の関係	116
6.2	von Neumann-Leontief 経済に於ける賃金利潤曲線（1987 年）	123
6.3	von Neumann-Leontief 経済に於ける賃金利潤曲線（1990 年）	123
6.4	von Neumann-Leontief 経済に於ける賃金利潤曲線（1992 年）	124
6.5	von Neumann-Leontief 経済に於ける賃金利潤曲線（1995 年）	124

6.6 von Neumann-Leontief 経済に於ける賃金利潤曲線（1997 年）　125
6.7 von Neumann-Leontief 経済に於ける賃金利潤曲線（2000 年）　125
8.1 Канторович 展望計画での最適解と現実値（1997 年，固定資本）149
8.2 Канторович 展望計画での最適解と現実値（1997 年，原材料）149
8.3 Канторович 展望計画での最適解と現実値（1997 年，消費財）150

第 1 章
固定資本と Sraffa-置塩-中谷経済 *

1.1 序

中古固定資本のみが結合生産される系の均衡の決定を新品商品系への分解によって行う方法は，Sraffa (1960, p.65) で最初に示され，置塩・中谷 (1975) で形式的に洗練されたものに再構成された．

浅田 (1982) は固定的技術係数を有し，能率一定で耐用年数の尽きた固定設備を無費用で処分出来る様な，Sraffa-置塩-中谷型の固定資本経済を「SON 経済」と称した．本章では，SON 経済を主な議論の枠組とし，固定資本の定式化に関する生産価格体系や数量体系の理論的考察に，主に置塩・中谷 (1975)，Fujimori (1982) の定式化模型を使用する．

本章では，先ず置塩・中谷の縮約方法を，行列の基本変形を中心とした正則変換の観点から再整理し，それが行列束のスペクトルを探索する一方法である事を示す．

次に，Sraffa の標準商品概念の拡張可能性を検討する．Sraffa は相対価格と分配は独立に見えるように，「不変な価値尺度」即ち標準商品と云う合成商品を定義した．[1] 固定資本の存在が許容されない経済に於いては，標準体系に於ける賃金と利潤とが線型関係にある事は云う迄もない．そこで，SON 経済

---

* 本章は，李 (2009) 及び李・藤森 (2010) に一部加筆，修正を加えたものである．
[1] 標準商品に関する議論は数多く存在する．Sraffa (1960) 以降，例えば Eatwell (1975), Pasinetti (1977), Broome (1977), Miyao (1977), Steenge (1980), 藤森 (1981), Mainwaring (1984), Schefold (1986) 等が挙げられる．最近では，Bellino (2004), 白杉 (2005), Baldone (2006), Dupertuis and Sinha (2009) 等の文献がある．標準体系の存在性，一意性及び安定性に就いては，Blakley and Gossling (1967) を参照せよ．

に於いては，財の産出量比率の角度から，標準商品の定義を拡張する事が可能か否か，相対価格や分配関係をどう評価するか，検討する．

最後に，投入産出分析の枠組に於ける固定資本の定式化模型を使って，固定資本問題に於ける幾つかの問題点を踏まえて，これ等の定式化された模型[2]を基礎として，SON 経済に於ける固定資本の減価償却と更新との関係や，利潤率と成長率との対応関係を与える Cambridge 方程式の成立条件等を議論する．

1.2　固定資本経済と置塩・中谷の方法

中古固定資本のみが結合生産される系の生産価格均衡式を，簡単に

$$(1.1) \qquad pB = \lambda pM$$

と定義出来る．但し，p, M, B, λ は其々生産価格ベクトル，矩形の拡大投入行列，産出行列及び利潤要因（"= 均等利潤率 +1"）を表す．SON (Sraffa (1960)，置塩・中谷 (1975)) は (1.1) の様な経済全体を表す連立方程式を，中古固定資本の相対価格を消去し新品財のみの相対価格や利潤率・賃金率で構成される部分的方程式に縮約した．SON での結果は，次の様に要約される．今，K, A, L, F はそれぞれ新品商品のみの Leontief 系に於ける固定資本投入係数行列，原材料投入係数行列，労働投入ベクトル，賃金財ベクトルを表し，$\widehat{\psi}(\lambda - 1)$ は減価償却率（対角行列）である．利潤率依存の減価償却率は，残存使用年数 τ に対して

$$(1.2) \qquad \psi(r, \tau) = \frac{1}{\displaystyle\sum_{s=0}^{\tau-1}(1+r)^s}$$

と定義される．この時，

---

[2] 代表的なものとしては，例えば，置塩・中谷 (1975), Fujimori (1982), Krüger and Flaschel (1993, Chap.IV), 中谷 (1994), Kurz and Salvadori (1995, Chap.7), Schefold (1997) 等がある．

(1.3) $$\bar{p} = \bar{p}H(\lambda),$$
(1.4) $$H(\lambda) = \Big((\lambda-1)I + \widehat{\psi}(\lambda-1)\Big)K + \lambda(A+FL),$$

を満たす $\bar{p} > \mathbf{0}$, $\lambda > 1$ は一意的に存在し，中古固定資本の価格は減価償却率に依って決定され，それ等が (1.1) を満たす．

本節では重要な論点として，置塩・中谷の方法はむしろ $B - \lambda M$ の分解を示唆するものである事を示す．

問題は $p(B - \lambda M) = \mathbf{0}$ に非自明解が存在する λ を求める事，即ち，$B - \lambda M$ のスペクトルの探索である．B, M を $m \times n$ 次として，$\mathrm{rank}(B) = m$ とすれば，λ がスペクトルであるとは，$B - \lambda M$ が階数落ちする事 ($\mathrm{rank}(B - \lambda M) < m$) と同値である．置塩・中谷の縮約方法は，$B - \lambda M$ のスペクトルを行列の基本変形を中心とした正則変換で探索する一方法と密接に関係している．以下，その素描を与える．

置塩・中谷では，中古固定資本が結合生産される場合，i 歳の固定資本を投入する工程は $i+1$ 歳の中古固定資本を結合生産していると云う考え方で，どの部門にも固定資本の組合せの異なる複数の工程が併存する．ある商品を主生産物とする部門に於いて，固定資本の投入に関し，最初は新品のもののみの組合せで出発し，各固定資本が年齢を重ねるに従い，工程が次の工程に移行する．その過程で，耐用年数が尽きたものは新品の固定資本で入換えられ，次の工程が生成される．この場合，部門の工程の総数は，使用される固定資本の種別耐用年数の最小公倍数，例えば γ，で決定される．これを発生的工程生成と呼ぶ．

例えば，耐用年数 3 年の固定資本 1 種類のみの経済を考える．投入係数行列 M，産出行列 B は其々次のような正方行列になる．

$$M = \begin{pmatrix} k & 0 & 0 \\ 0 & k & 0 \\ 0 & 0 & k \end{pmatrix}, B = \begin{pmatrix} 1 & 1 & 1 \\ k & 0 & 0 \\ 0 & k & 0 \end{pmatrix}.$$

この時，

(1.5)
$$B - \lambda M = \begin{pmatrix} 1-\lambda k & 1 & 1 \\ k & -\lambda k & 0 \\ 0 & k & -\lambda k \end{pmatrix}.$$

多項式, $\lambda^2, \lambda, 1$ を対角元とする対角行列 $\Lambda = \mathrm{diag}(\lambda^2, \lambda, 1)$ を $B - \lambda M$ に右乗すると,

$$(B - \lambda M)\Lambda = \begin{pmatrix} \lambda^2(1-\lambda k) & \lambda & 1 \\ \lambda^2 k & -\lambda^2 k & 0 \\ 0 & \lambda k & -\lambda k \end{pmatrix}$$

を得る. 更に, これに列和を作る $E = \begin{pmatrix} 1 & 0 & 0 \\ 1 & 1 & 0 \\ 1 & 1 & 1 \end{pmatrix}$ を右乗すると,

(1.6)
$$(B - \lambda M)\Lambda E = \left(\begin{array}{c|cc} -\lambda^3 k + \lambda^2 + \lambda + 1 & \lambda + 1 & 1 \\ 0 & -\lambda^2 k & 0 \\ 0 & 0 & -\lambda k \end{array}\right)$$

となる. $p = \begin{pmatrix} p_1 & p_1^1 & p_1^2 \end{pmatrix}$ として, $p(B - \lambda M) = \mathbf{0}$ に非自明解が存在する為には, (1.6) の階数落ち条件として, (1.6) の $(1,1)$ 成分は 0, 即ち,

(1.7)
$$-\lambda^3 k + \lambda^2 + \lambda + 1 = 0$$

でなければならない. これより, 利潤要因 λ は k の関数として決定される.

次に, p_1^1, p_1^2 と p_1 との関係は, (1.6) の 2 列, 3 列より,

$$p_1(\lambda + 1) - p_1^1 \lambda^2 k = 0, \; p_1 - p_1^2 \lambda k = 0$$

となる. 耐用年数を τ, 新品固定資本の価格 $p_1 = 1$ として, 減価償却率の定義 (1.2) より,

$$p_1^1 = \frac{\lambda+1}{\lambda^2 k} = 1 - \psi(\lambda-1, 3),$$
$$p_1^2 = \frac{1}{\lambda k} = \bigl(1 - \psi(\lambda-1, 2)\bigr)\bigl(1 - \psi(\lambda-1, 3)\bigr)$$

となる。[3] 従って，(1.6) より，新品固定資本の価格は 1 列目で定められるが，中古固定資本の新品固定資本に対する価格比率は，2 列目，3 列目に盛込まれている事が明らかである。[4]

複数の固定資本種が存在する場合には，商品の種類数が増えると同時に上述の (1.5) のようなものが固定資本種の数だけ横に並ぶ事になる。

今，そのように一般化された式を考える。$p(B - \lambda M) = \mathbf{0}$ の係数行列 $B - \lambda M$ に基本変形 (正則変換) を施して変形しても，$B - \lambda M$ の階数は保存される。適当な基本変形によって，$B - \lambda M$ の西北隅に新品商品のみに関する正方区画，例えば $\Omega(\lambda)$ を構成し得る。実際，$\lambda^{\gamma-1}, \cdots, \lambda, 1$ を対角要素とする γ 次対角行列 Λ を作り，更に新品商品の種類数だけそれを対角に配置して n 次乗数行列 $\mathcal{L}$ として $B - \lambda M$ に右乗する。しかる後に，各部門の内部で，工程の最後の方から逆順に前の列に後の列に加える。即ち，列和を作る基本行列の積 (γ 次) $E = \begin{pmatrix} 1 & \cdots & 0 \\ \vdots & \ddots & \vdots \\ 1 & \cdots & 1 \end{pmatrix}$ を対角に並べた (n 次)$\mathcal{E}$ を右乗する。これによって，各部門の先頭の工程 (列ベクトル) から中古固定資本に関する項を消去出来る。次に，適当な列交換により，各部門の最初の工程を左側に集める事が出来る。これは適当な基本行列の積 Γ の右乗によって達成される。

行の入換により，$B - \lambda M$ の上部に新品商品が置かれているとして良い。

---

[3] 減価償却率による中古固定資本価格の導出については，Kurz and Salvadori (1995, Chap.7) も見よ。

[4] 又，別の見方をすれば，置塩・中谷の方法は，新品，中古固定資本を含む結合生産体系の生産価格方程式を簡略化する過程で，全商品の価格と利潤率に関する連立の代数方程式を，適当な λ に関する多項式を組合せてより変数の少ない代数方程式に変換し，究極的に λ のみに関する代数方程式に帰着せしめる計算の一つである。それは元の連立代数方程式の Gröbner 基底と呼ばれるものの計算である。この縮約方法は，中古固定資本の特定の結合生産様式に決定的に依存している。

これは左側から基本行列の積 Θ を掛ける事に相当する. 上述の区画 $\Omega(\lambda)$ は, その下の行に 0 成分のみが出現すると云う意味で独立している. 又, 中古固定資本に関する行は, 適当な列交換で (i,i) 成分の左側に 0 のみが出現するように出来る. その結果, $B - \lambda M$ の左下側に台形の 0 区画が出現する.[5]

$$(1.8) \quad B - \lambda M \sim \begin{pmatrix} \Omega(\lambda) & \begin{matrix} * & * & & & \\ & * & * & & * & * \\ & & * & & * & * \\ & & & & & * \end{matrix} & O \\ O & \begin{matrix} & & & & \\ & & & \ddots & \\ & & & & * \end{matrix} & O \end{pmatrix}$$

但し,

$$(1.9) \quad \Omega(\lambda) = I - H(\lambda)$$

である. ここで * は零以外の成分を表す. 因みに, ここでの $H(\lambda)$ は置塩・中谷 (1975) の (19) と実質的に同じである. この時, 正方区画の行列式の値が 0 となる事が階数落ちと同義であると判る. $|\Omega(\lambda)| = 0$ が利潤率 $(\lambda - 1)$ を決定する, 新品商品世界の固有方程式である. 正則変換は可逆であるから, $B - \lambda M$ のスペクトルを求める事が, 遥かに次数の小さい等価な固有値問題に変換される. この縮約で到達された新品商品のみから構成される系での生産価格方程式の係数行列は正方非負であるから, Perron-Frobenius 定理を適用する事が出来る.[6] 残る中央の区画が中古固定資本の比率を決定する. 即ち, 置塩・中谷の方法は, $B - \lambda M$ を, (1.8) の様な, 利潤率要因 λ, 新品商品の価格比率を決定する $\Omega(\lambda)$ を頂ける左区画と, 中古固定資本の価格比率

---

[5] 固定資本 1 種類のみの場合, (1.8) の右辺の部分は

$$\begin{pmatrix} \Omega(\lambda) & \begin{matrix} * & \cdots & * \\ & * & \\ & & * \end{matrix} & O \\ O & \begin{matrix} & & \\ & \ddots & \\ & & * \end{matrix} & O \end{pmatrix}$$

となる.

[6] Perron-Frobenius 定理の詳しい議論に就いては, Gantmacher (1959), Seneta (1974), Minc (1988), Bapat and Raghavan (1997), 古屋 (1959), 二階堂 (1960, 1961), 津野 (1990) 等を参照せよ.

を決定する中央区画とに分解する事に関係して，分解の核心部分となる左上隅の区画を析出するものである．正則変換の視点でその核となるのが Θ の左乗，$\mathcal{LEF}$ の右乗である．これ等の行列は視認され得る事がこの分解の特徴である．

尚，賃金後払いの場合，(1.4) の $H(\lambda)$ は，

$$(1.10) \qquad H(\lambda) = \left((\lambda-1)I + \widehat{\psi}(\lambda-1)\right)K + \lambda A + FL$$

となる．正則変換に依る変形を施しているから，賃金が前払いでも後払いでも (1.8) と云う結果には影響しない．

置塩・中谷 (1975) は，全商品の均衡価格の定義式群から中古の固定資本価格を消去する縮約が可能である事を示したが，この方法は，モデルの設定，特に B, M 等が特定の類型に限定される点に大いに依存している．

SON 経済に於ける生産価格均衡は安定的になる．この意味で，中古固定資本の評価を減価償却率を用いて新品財の価格決定の外部で行うような会計制度は，均衡価格の形成を安定化させる 1 つの機構であると云って良い．これは，減価償却なる会計制度の意義でもある．

1.3 SON 経済と標準商品

本節では，本題を展開する為に必要な数学的定理を以下の通りにまとめておく．

A は投入係数行列とする．A によって特徴付けられる経済が生産的である条件は以下の様に表現出来る．

S1 $\quad x > Ax$ を満たす $x > 0$ が存在する．

定理 1 (Perron-Frobenius) $A \geq O$ は分解不能とする．

(1) A は正の固有値を持ち，その中の絶対値最大なものを λ_A とすれば，λ_A に随伴する正の固有ベクトル $x > 0$ が存在する．

(2) $\rho > \lambda_A \Leftrightarrow (\rho I - A)^{-1} > O$.

(3) σ を正数とする．$\sigma x > Ax$ なる $x > \mathbf{0}$ が存在する時，$\sigma > \lambda_A$．

本稿では，A は生産的であり，分解不能であるとする．更に，Marx 基本定理が成立する状況を想定する．[7]

1.3.1 非結合生産体系と標準商品

非結合生産体系に於ける標準商品を，以下の様に定義する．(Sraffa, 1960) 以下の様な式を満たす R 及び q^s を其々標準因子，標準商品と云う．

$$(1.11) \qquad q^s = (1+R)Aq^s.$$

この標準因子と標準商品を決定する体系を標準体系と呼ぶ．

Perron-Frobenius 定理より，次の等式の成立は明らか．

$$(1.12) \qquad \text{標準因子} = \text{最大利潤率}.$$

先ず，賃金後払いの場合の生産価格 p と均等利潤率 r の決定式は次の様に表される．

$$(1.13) \qquad p = (1+r)pA + wL.$$

但し，w, L は各々名目賃金率と労働投入ベクトルである．

(1.13) に加えて，標準商品の定義式 (1.11) より，

$$(1.14) \qquad r = R - w\frac{Lq^s}{pAq^s}$$

が得られる．

ここで，標準商品を用いて集計し，国民所得を基準化する．即ち，

$$(1.15) \qquad p(I-A)q^s = RpAq^s$$

---

[7] 固定資本を許容する場合を含め，Marx 基本定理に就いては，置塩 (1977, 第 3 章), Fujimori (1982), 中谷 (1994, 第 3 章) 等が詳しい．

を標準国民所得と呼ぶ．今や名目賃金を標準国民所得で評価して実質賃金を

$$(1.16) \quad \widehat{\omega} = \frac{w}{RpAq^s}$$

と定義する．次に標準商品 q^s の長さを基準化する．即ち

$$Lq^s = 1$$

と置く．更に，生産価格 p を基準化する為，標準国民所得を基準化する．

$$RpAq^s = 1$$

とする．これで，

$$(1.17) \quad r = R(1 - \widehat{\omega})$$

が得られる．これは，固定資本が許容されない経済では，標準体系に於ける賃金と利潤とは実際に直線関係にある事が確認出来る．

1.3.2 SON 経済と標準商品概念の拡張可能性
前提条件

本節では，固定資本の存在を前提とする．

均等利潤率 $r = \lambda - 1$ とする．例えば，固定資本，原材料，消費財が各々1種類のみから構成された経済を想定すると，(1.10) より，賃金後払いの生産価格均衡式は，

$$(1.18) \quad p = \psi(r, \tau)pK + rpK + (1+r)pA + wL$$

と表される．経済が生産的であれば，ある $p > 0$ が存在して，

$$(1.19) \quad p > p(\frac{1}{\tau}K + A)$$

を満たさなければならない.

これより, $A \geq O$, $K \geq O$, $L > O$, (1.19) 式と云う条件があれば, (1.18) を満たす様な $p > O$, $r > 0$, $w > 0$ が存在する.

固定資本が存在する経済体系に於いて, 賃金率と利潤率の関係は背反関係にあるか, 標準商品で集計した場合賃金・利潤は直線的関係にあるか, これ等を検証する.

賃金利潤の背反関係

先ず,
$$u = \frac{p}{w}$$
と置けば,

(1.20) $$u = \psi(r,\tau)uK + ruK + (1+r)uA + L$$

となる. 更に, r に関して微分すれば, 次式を得る.

$$\frac{du}{dr}\Big(I - (\psi(r,\tau)+r)K - (1+r)A\Big) = \Big(\frac{d\psi(r,\tau)}{dr}+1\Big)uK + uA.$$

ここで, $u > O$, $K \geq O$, $A \geq O$ に対して
$$\frac{d\psi(r,\tau)}{dr} < 0,$$
であり, 更に,

(1.21) $$\Big(I - (\psi(r,\tau)+r)K - (1+r)A\Big)^{-1} > O$$

は明らかである.
$$\psi(r,\tau) = \frac{r}{(1+r)^\tau - 1}$$
であるから, これを r に関して微分すると,
$$\left|\frac{d\psi(r,\tau)}{dr}\right| = \left|\frac{(1+r)^\tau - \tau r(1+r)^{\tau-1} - 1}{(1+r)^{2\tau} - 2(1+r)^\tau + 1}\right| < 1.$$

となる.[8]

よって，
$$\frac{du}{dr} > 0$$

である．即ち，均等利潤率 r が増大すると，u が上昇する．この時，どの商品を貨幣商品としても，実質賃金率が減少する．

従って，固定資本が許容される経済体系に於いても，賃金と利潤とは背反関係にある事が確認出来る．

相対価格と分配の独立性

今，新品財のみから成る生産価格方程式 (1.18) を w に関して微分すれば，

$$\frac{dp}{dw}(I - (\psi(r,\tau)+r)K - (1+r)A) = \frac{d\psi(r,\tau)}{dw}pK + \frac{dr}{dw}pK + \frac{dr}{dw}pA + L$$

を得る．

---

[8] 数学的帰納法でこれを証明する．
先ず，$\tau = 1$ の時，
$$\left|\frac{d\psi(r)}{dr}\right| = 0 < 1$$
が成り立つ．
今，$\tau = k$ の時，
$$\left|\frac{d\psi(r)}{dr}\right| = \left|\frac{(1+r)^k - kr(1+r)^{k-1} - 1}{(1+r)^{2k} - 2(1+r)^k + 1}\right| < 1$$
が成り立つとする．その時，$\tau = k+1$ とするならば，
$$\left|\frac{d\psi(r)}{dr}\right| = \left|\frac{(1+r)^{k+1} - (k+1)r(1+r)^k - 1}{(1+r)^{2k+2} - 2(1+r)^{k+1} + 1}\right|$$
$$= \left|\frac{(1+r)((1+r)^k - kr(1+r)^{k-1} - 1) - r((1+r)^k - 1)}{(1+r)((1+r)^{2k} - 2(1+r)^k + 1) + r((1+r)^{2k+1} - 1)}\right|$$
となる．分子の中で，
$$-r((1+r)^k - 1) < 0$$
は自明．故に，$k+1$ の時の分子は k の時の分子掛ける $(1+r)$ より小になる．更に，分母の中で，
$$r((1+r)^{2k} - 1) > 0$$
は自明であるから，分母は k の時の分母掛ける $(1+r)$ よりも大になる事が判る．
以上より，$k+1$ の時も $\left|\frac{d\psi(r)}{dr}\right| < 1$ である事が従う．
よって，任意の τ に対して，命題が成立する．

若し相対価格と分配が独立であるとすれば，$\frac{dp}{dw} = \mathbf{0}$ となるから，上の式は

$$\text{(1.22)} \qquad \frac{dr}{dw}p\left(\left(\frac{d\psi(r,\tau)}{dr}+1\right)K+A\right) = -L$$

となる．更に，価格は労働に比例すると云う強い仮定を置く．即ち，

$$\text{(1.23)} \qquad p = \varrho L$$

である．但し，ϱ は正の定数である．

(1.23) を (1.22) に代入すれば，

$$\text{(1.24)} \qquad \frac{dr}{dw}\varrho L\left(\left(\frac{d\psi(r,\tau)}{dr}+1\right)K+A\right) = -L$$

となる．

(1.24) から，価格と賃金とは独立している様に見えるものの，新品財の系に於ける賃金と利潤とは決して直線的な関係にはないと云う事が確認出来る．

標準商品の拡張

藤森 (1981) は，固定資本を含む一般的結合生産体系に於ける標準商品の定義を，合成商品ではなく，生産工程の合成操業水準比率と云う角度から拡張した．

これを形式的に以下の通りに表現出来る．(藤森, 1981) 次の式を満たす $x^s \neq \mathbf{0}$, R_s は各々結合生産体系に於ける Sraffa 比率，標準因子と云う．

$$\text{(1.25)} \qquad Bx^s = (1+R_s)M_0 x^s$$

明らかに，M_0 は (1.1) の零賃金に於ける M である．

Sraffa 比率 x^s を用いて集計し，$x^s \neq \mathbf{0}$ である限りこの時の賃金利潤曲線は直線となる．[9]

---

[9] 詳しい説明に就いては，藤森 (1981, 第 VI 章) の定理 II を見よ．

しかし，(1.25) を前述の置塩・中谷の方法で SON 経済に縮約して，生産工程の合成操業水準比率ではなく新品財の産出量比率と云う角度から見ると，これを用いて集計しても賃金と利潤とは直線的関係にない事は明らかである．

かくして，非結合生産を対象とする場合の Sraffa の標準商品論は賃金利潤曲線が線型になると云う従来の結論に至るが，新品商品のみからなる SON 経済では，線型的賃金利潤曲線は存在し得ない事が確認出来る．

1.4 SON 経済と Cambridge 方程式

本節では，耐用年数 3 年の固定資本 1 種類と消費財 1 種類のみの経済を想定する．

前述の M, B に関して，3 つの生産工程が併存して，

$$M = \begin{pmatrix} k_1 & 0 & 0 & k_2 & 0 & 0 \\ 0 & k_1 & 0 & 0 & k_2 & 0 \\ 0 & 0 & k_1 & 0 & 0 & k_2 \\ fl_1 & fl_1 & fl_1 & fl_2 & fl_2 & fl_2 \end{pmatrix}, B = \begin{pmatrix} 1 & 1 & 1 & 0 & 0 & 0 \\ k_1 & 0 & 0 & k_2 & 0 & 0 \\ 0 & k_1 & 0 & 0 & k_2 & 0 \\ 0 & 0 & 0 & 1 & 1 & 1 \end{pmatrix}$$

と表現出来る．賃金前払いで中古固定資本のみが結合生産される様な生産価格均衡式 (1.1) に於ける生産価格ベクトル $p = \begin{pmatrix} p_1 & p_1^1 & p_1^2 & p_2 \end{pmatrix}$ となる．

置塩・中谷の方法で SON 経済へ縮約し，新品財のみの価格ベクトル $\bar{p} = \begin{pmatrix} p_1 & p_2 \end{pmatrix}$ は，(1.3) の固定資本と消費財のみ (2 部門 2 財) のケースに対応する．但し，

$$K = \begin{pmatrix} k_1 & k_2 \\ 0 & 0 \end{pmatrix}, \widehat{\psi}(r, \tau) = \begin{pmatrix} \psi(r, \tau) & 0 \\ 0 & 1 \end{pmatrix}, F = \begin{pmatrix} 0 \\ f \end{pmatrix}, L = \begin{pmatrix} l_1 & l_2 \end{pmatrix}$$

である．

1.4.1 SON 経済に於ける産出量体系

斉一成長率を g とする．中古固定資本のみが結合生産される様な操業水準

均衡式は次の通りに表される.

(1.26) $$Bx = (1+g)Mx + \boldsymbol{u},$$

但し,$\boldsymbol{u}$ は不生産的消費, $x = {}^t\!\begin{pmatrix} x_1^1 & x_1^2 & x_1^3 & x_2^1 & x_2^2 & x_2^3 \end{pmatrix}$ は操業水準を表す.

投入産出の数量的関係は,例えば,表 1.1 のように表される.

表 1.1 固定資本生産に於ける投入産出の数量関係

		投入量			産出量		
生産工程		1	2	3	1	2	3
t 期	0歳	$k_1 x_1^1$			x_1^1		
	1歳				$k_1 x_1^1$		
	2歳						
$t+1$ 期	0歳	$k_1 x_1^2$			x_1^2	x_1^1	
	1歳		$k_1 x_1^1$		$k_1 x_1^2$		
	2歳					$k_1 x_1^1$	
$t+2$ 期	0歳	$k_1 x_1^3$			x_1^3	x_1^2	x_1^1
	1歳		$k_1 x_1^2$		$k_1 x_1^3$		
	2歳			$k_1 x_1^1$		$k_1 x_1^2$	

部門 i に於ける産出量 q_i と各生産工程に於ける操業水準とは,一般に,以下の関係を満たす.

(1.27) $$q_i = \sum_{h=1}^{3} x_i^h.$$

経済がある一定の率 g で成長しているから,部門 i に於ける日付の有る固定資本の 2 年目,3 年目の新規投入量と 1 年目の新規投入量とは,

(1.28) $$k_i x_i^3 = \frac{1}{1+g} k_i x_i^2 = \frac{1}{(1+g)^2} k_i x_i^1$$

を満たす.耐用年数が τ である場合も同様.

操業水準均衡式 (1.26) を新品財のみの系に縮約する (Fujimori, 1982, Ch.2) と,

$$(1.29) \quad q = \left((\widehat{\psi}(g,\tau)+gI)K+(1+g)FL\right)q+C$$

を得る. 但し, C は新品財のみの不生産的消費で, $\psi(g,\tau)$ を更新係数と呼ぶ. $\psi(g,\tau)$ は成長率に依存する. (1.29) は新品財産出量 q の決定式である. 例えば, 固定資本と消費財のみ (2 部門 2 財) の場合,

$$q = \begin{pmatrix} q_1 \\ q_2 \end{pmatrix}, C = \begin{pmatrix} 0 \\ \bar{C} \end{pmatrix}, \widehat{\psi}(g,\tau) = \begin{pmatrix} \psi(g,\tau) & 0 \\ 0 & 1 \end{pmatrix}$$

となる.

(1.29) は, 生産された新品財は, 固定資本, 賃金財の更新に当てられた後に, 蓄積と資本家不生産的消費に使われる事を意味する. これが, 数量体系の側面からみたもので, 総生産物の社会的配分構成を表している. 操業水準体系を表す (1.26) が新品の財を基礎としたものに変換された事になる.

1.4.2 結合生産体系に於ける利潤と成長との関係

周知の様に, 固定資本が存在しない経済体系に於いては, 均等利潤率と斉一成長率との対応関係を与える Cambridge 方程式が成立する.

中古固定資本を含む結合生産体系の場合, 経済全体での価格体系 (1.1) と操業水準体系 (1.26) より, 産出額は

$$(1.30) \quad pBx = (1+r)pMx,$$
$$(1.31) \quad pBx = (1+g)pMx+p\boldsymbol{u},$$

となる.「産出額-費用」が利潤総量 $\varPhi_1$ になる為, (1.30) によれば, 利潤総量は

$$\varPhi_1 = rpMx$$

となる．この時，資本家不生産的消費率を c とし，蓄積率 α を，

$$\alpha = 1 - c = 1 - \frac{p\boldsymbol{u}}{rpMx} \tag{1.32}$$

と定義出来る．

更に，(1.30), (1.31) より，

$$rpMx = gpMx + p\boldsymbol{u} \tag{1.33}$$

を得る．(1.33) は，価格体系に於ける利潤総量と操業水準体系に於ける利潤総量との間に乖離がない事を示している．これ故，利潤率と成長率の関係を与える Cambridge 方程式

$$g = \alpha r \tag{1.34}$$

が成立する．[10]

結合生産の系から得られる利潤率は粗利潤率である．実際，Sraffa の結合生産体系は資産計上を必要とせず，損益計算書のみで表現可能で，簡単に次の様に表現出来る．

表 1.2 損益計算書：結合生産の場合

pMx	
粗利潤	pBx

Sraffa の場合，pMx と pBx とは各々期首と期末で測定される．減価償却は $pBx - pMx$ の差額に入るから，表 1.2 の左側に計上され，これは純利潤と合わせられて粗利潤を構成する．

従って，SON 経済は結合生産の縮約系であるから，結合生産の系と同様，

---

[10] 実際に，(1.31) によれば，利潤総量を $gpMx + p\boldsymbol{u}$ と評価出来る．これを用いて，蓄積率 α を

$$\alpha = 1 - c = 1 - \frac{p\boldsymbol{u}}{gpMx + p\boldsymbol{u}}$$

と定義しても，同様に (1.34) が得られる．

利潤と成長を「粗」で把握する必要が有る．

1.4.3 SON 経済に於ける Cambridge 方程式

今，新品財のみからなる (1.3), (1.29) より，産出額は，

(1.35) $\quad \bar{p}q = \bar{p}\widehat{\psi}(r,\tau)Kq + r\bar{p}Kq + (1+r)\bar{p}FLq,$

(1.36) $\quad \bar{p}q = \bar{p}\widehat{\psi}(g,\tau)Kq + g\bar{p}Kq + (1+g)\bar{p}FLq + \bar{p}C,$

となる為，

(1.37) $\quad r\bar{p}(K+FL)q + \bar{p}\widehat{\psi}(r,\tau)Kq = g\bar{p}(K+FL)q + \bar{p}\widehat{\psi}(g,\tau)Kq + \bar{p}C$

が得られる．これは，

$$純利潤 + 減価償却費 = 純投資 + 更新投資 + 消費$$

の関係を表している．即ち，

$$粗利潤 = 純利潤 + 減価償却費,$$
$$粗蓄積 = 純投資 + 更新投資$$

と云う観点から考える必要が有る．粗利潤は所謂内部留保である．

以下，

$$粗利潤率 = \frac{粗利潤}{期首資本量},$$
$$粗蓄積率 = \frac{粗蓄積}{粗利潤},$$

と定義する．

今，t 期期首に於ける資本量を $K(t)$，t 期期末 (即ち $t+1$ 期期首) に於ける資本量を $K(t+1)$ とすれば，t 期に於ける資本量の増分 $\Delta K(t)$ は，

(1.38) $\quad \Delta K(t) = K(t+1) - K(t) = gK(t)$

となる．[11]

表 1.1 からも判る様に，経済はある一定の率 g で成長しているから，

$$\Delta K(t) = k_1 x_1^1 + k_2 x_2^1 + g(k_1 x_1^1 + k_2 x_2^1)$$

となる．ここで，(1.27) と (1.28) を考慮して，生産工程に於ける操業水準でなく，部門に於ける産出量で資本量の増分を表すと，

$$\Delta K(t) = \frac{g(1+g)^3}{(1+g)^3 - 1}\Big(k_1 q_1 + k_2 q_2\Big)$$

となる．

(1.38) より，

$$K(t) = \frac{1}{g}\Delta K(t) = \frac{(1+g)^3}{(1+g)^3 - 1}\Big(k_1 q_1 + k_2 q_2\Big)$$

を得る．

よって，t 期期首に於ける資本量の総額は，

$$\frac{(1+g)^3}{(1+g)^3 - 1}\Big(p_1 k_1 q_1 + p_1 k_2 q_2\Big) = \frac{1}{g}\Big(g\bar{p}Kq + \psi(g,3)\bar{p}Kq\Big)$$

となるから，粗利潤率 r と粗蓄積率 α とは各々次の様になる．

(1.39) $$r = \frac{r\bar{p}Kq + \psi(r,3)\bar{p}Kq}{\frac{1}{g}\Big(g\bar{p}Kq + \psi(g,3)\bar{p}Kq\Big)},$$

(1.40) $$\alpha = \frac{g\bar{p}Kq + \psi(g,3)\bar{p}Kq}{r\bar{p}Kq + \psi(r,3)\bar{p}Kq}.$$

かくして，

$$\alpha \times r = \frac{g\bar{p}Kq + \psi(g,3)\bar{p}Kq}{r\bar{p}Kq + \psi(r,3)\bar{p}Kq} \times \frac{r\bar{p}Kq + \psi(r,3)\bar{p}Kq}{\frac{1}{g}\Big(g\bar{p}Kq + \psi(g,3)\bar{p}Kq\Big)} = g$$

となる．故に，「粗」で把握すれば，Cambridge 方程式 が正しく成立する．

---

[11] この定差方程式に関する詳しい議論は，越村 (1967, 第 V 章) を参照せよ．

1.5 結

　本章では，Marx, Sraffa 的な手法によって，固定資本を含む線型経済体系を中心に議論し，標準商品概念の拡張可能性や生産価格体系と数量体系に於ける利潤と成長との対応関係等を分析してきた．

　本章の議論から，以下の様な結論が得られる．

(1) SON 経済では財の産出量比率と云う側面から看ると，賃金利潤曲線が線型になる様な標準商品は存在し得ない．
(2) 非結合生産系の場合，

$$成長率＝純蓄積率×純利潤率$$

として評価し，Cambridge 方程式が成立する．他方，Sraffa の結合生産系となると，損益計算書で示した様に利潤と成長とを粗で評価しているから，この時

$$成長率＝粗蓄積率×粗利潤率$$

の関係を与える Cambridge 方程式が成立する．
(3) SON 経済は，元の結合生産系の縮約なのであるから，利潤と成長とを粗で把握する必要が有る．Cambridge 方程式の成立が保証される．

　さて，中古固定資本の評価は，更新過程で決定される．即ち，(1.8) に盛込まれている中央区画は，年齢別固定資本の更新過程と密接に関係し，その機構は置塩・中谷分解に示される様に，生産価格決定系に埋込まれている事を次章で確認してみよう．

第 2 章
Markov 過程としての固定資本の更新動学[*]

2.1 序

　本章では，固定資本のみを取り上げ，固定資本の更新に関わる運動が経済にどの様な影響を及ぼすか，詳しく検討する．議論を煩雑化するのみと思われる要素は全て無視される．

　更新理論に関する研究は 1930 年代に遡る Lotka (1939, 1948) 等が嚆矢であると思われる．その後，固定資本の更新や減価償却，再生産や蓄積，成長等の問題は，Domar (1957)，林 (1959)，山田・山田 (1961)，Lange (1961)，越村 (1967)，Gossling (1974)，置塩 (1977, 1987) 等，数多くの先行研究が盛んに行われてきた．Marx (1962/64, II) も単純再生産の場合に限定して，固定資本問題を分析した．最近では，Lager (2001, 2006) 等が挙げられる．

　とりわけ，山田・山田 (1961) の模型では，減価償却費は直ちに再投資されると云う前提を設けている．即ち，減価償却費は一種の投資の源泉として存在するものである．減価償却は耐用年数の期間内に固定資本の価値を分割して，生産物に移転すると云う費用計算を意味する．

　減価償却費が直ちに再投資され，生産力向上の原資に成り得ると云う主張が会計学者の Ruchti と Lohmann に依ってなされ，所謂「Ruchti-Lohmann 効果」と呼ばれる問題が生じた．[1]

　山田・山田模型は，掛谷定理 (Kakeya, 1912) を利用して，高階差分方程式

---

[*] 本章は，藤森・李 (2010) に一部加筆，修正を加えたものである．
[1] Ruchti-Lohmann 効果に関する詳しい説明は，例えば林 (1959, 第 5 章)，Wada (1969)，吉田 (1990) 等を参照せよ．

の一般解を求め，固定資本の存在量は最終的にある均衡値に収束すると云う命題を証明した．

本章では，山田・山田 (1961) の固定資本の更新模型を基礎に，Perron-Frobenius 定理及び高階差分方程式の随伴行列の性質を利用し，固有値問題として年齢別固定資本の更新動学の一般化を試みる．

2.2 固定資本更新の山田・山田模型

2.2.1 山田・山田方程式

本節では，山田・山田方程式を出発点に据える．[2]

以下のように，記号を定める．t 期の固定資本純投資を $F(t)$，減価償却を $D(t)$，廃棄量を $H(t)$，存在量を $K(t)$ とする．耐用年数は m 年 であるとす減価償却は前期末の存在量に耐用年数の逆数を乗じたものとする．

$$(2.1) \qquad D(t) = \frac{1}{m} K(t-1).$$

廃棄量 $H(t)$ は m 期前の粗投資であるから，

$$(2.2) \qquad H(t) = F(t-m) + D(t-m).$$

t 期の存在量は，前期の存在量に粗投資を加え，廃棄量を差し引いたものであるから，

$$(2.3) \qquad K(t) = K(t-1) + F(t) + D(t) - H(t).$$

以上を整理して，

$$K(t) - \left(1 + \frac{1}{m}\right) K(t-1) + \frac{1}{m} K(t-m-1) = F(t) - F(t-m).$$

今，純投資の系列は，初期値を F_o として，一定の率 g で増加しているも

---

[2] 山田・山田方程式の詳細は，山田・山田 (1961)，山田 (1962, 5 章 13 節) を参照されたい．

のとする.

$$F(t) = F_o(1+g)^t.$$

時間変数 t をずらすと，$\tilde{F}(t) = F_o(1+g)^{t-m}((1+g)^m - 1)$ として，

(2.4) $\quad K(t+m+1) - \left(1 + \dfrac{1}{m}\right) K(t+m) + \dfrac{1}{m} K(t) = \tilde{F}(t)$

を得る．これは，$m+1$ 階の線形差分方程式になっている．

固有方程式は次の通りである．

(2.5) $\quad \lambda^{m+1} - \left(1 + \dfrac{1}{m}\right) \lambda^m + \dfrac{1}{m} = 0.$

更に，固有方程式は因数分解されて，

$$(\lambda - 1)^2 \left(\lambda^{m-1} + \dfrac{m-1}{m} \lambda^{m-2} + \cdots + \dfrac{1}{m}\right) = 0.$$

二番目の因数を取ると，

(2.6) $\quad \lambda^{m-1} + \dfrac{m-1}{m} \lambda^{m-2} + \cdots + \dfrac{1}{m} = 0.$

山田・山田 (1961) は (2.6) に掛谷の定理を適用し，(2.6) の根は絶対値が 1 を越える事はない事を示した．

(2.5) に依る固定資本の更新過程を支配する固有値は 1 である．他の固有根は，実数あるいは複素数であるが，それ等の絶対値は 1 より小であるので，振動が発生するにしても減衰振動である事が示される．尚，1 は重根であるから，共鳴が発生する．

2.2.2 山田・山田方程式と Markov 過程

山田・山田方程式では，減価償却額の計算を，定額法に従い，名目存在量に減価償却率をそのまま乗じる事で行った．また，山田・山田方程式は高階の差分方程式であるが，項数の少ない差分方程式になっている．

その原型の随伴行列 W は，(2.5) より，次のようになる．

$$W = \begin{pmatrix} 1+\frac{1}{m} & 0 & \cdots & 0 & -\frac{1}{m} \\ 1 & 0 & \cdots & 0 & 0 \\ 0 & 1 & \cdots & 0 & 0 \\ \vdots & \vdots & \ddots & \vdots & \vdots \\ 0 & 0 & \cdots & 1 & 0 \end{pmatrix}.$$

　この行列の最上段の行の和は 1 である．W は非負ではないが，行和が全て 1 であることによって，固有値 1 とそれに属する正の右固有ベクトルを有することが判明する．その右固有ベクトルの要素は全て 1 であるように取ることが出来る．しかし，左固有ベクトルを考えると，それは最早非負のベクトルにはなっていない．随伴行列 W は Markov 行列的な性格を中途半端な形で有していることになる．

　この，最上段の行和が 1 であると言う事は，年々の粗投資が，耐用年数が尽きる迄に，必ずその初期投資額を減価償却によって回収される事を意味する．これは，償却額の計算方法如何に依存しない原則の反映である．

　山田・山田方程式の特徴は，その固有方程式 (2.5) が重根 1 を有する事である．重根は共鳴を説明するのみであるから，振動の内実はそれを除いて考察すれば良い．それ故，(2.5) の最小多項式を考え，それを固有方程式とするような差分方程式を対象としてみよう．

　該当の最小多項式は，

$$(\lambda - 1)\left(\lambda^{m-1} + \frac{m-1}{m}\lambda^{m-2} + \cdots + \frac{1}{m}\right) = 0$$

となる．左辺を展開すると，

$$\lambda^m - \left(1 - \frac{m-1}{m}\right)\lambda^{m-1} - \cdots - \left(\frac{2}{m} - \frac{1}{m}\right)\lambda - \frac{1}{m} = 0$$

を得る．ここで係数を $h_j = \left(\frac{m-j+1}{m} - \frac{m-j}{m}\right), j = 1, \ldots, m$ とすると，

(2.7) $$\lambda^m - h_1 \lambda^{m-1} - \cdots - h_m = 0$$

と書く事が出来る．この方程式を固有方程式とする差分方程式の随伴行列は，

$$(2.8) \quad W_1 = \begin{pmatrix} h_1 & h_2 & \cdots & h_{m-1} & h_m \\ 1 & 0 & \cdots & 0 & 0 \\ 0 & 1 & \cdots & 0 & 0 \\ \vdots & \vdots & \ddots & \vdots & \vdots \\ 0 & 0 & \cdots & 1 & 0 \end{pmatrix}$$

となる．但し，

$$h_1 = h_2 = \cdots = h_m = \frac{1}{m}$$

である．随伴行列 W_1 は W よりも次数が 1 小さい．

W_1 の最初の行を見ると，その和が 1 であって，それは，定額法に於ける，減価償却が固定資本の価値を回収するという原理に沿うものである．よって，W_1 は，明らかに，Markov 行列になっている．従って，山田・山田方程式の固有方程式の最小多項式を取り出してみれば，山田・山田模型にに潜在している Markov 過程が析出されることが判る．更に，固定資本の更新過程が Markov 過程である点は，個々の減価償却率の値ではなく，それ等の和が 1 になる点，つまり，減価償却が取得価格を回収する事にのみ依存している．

W_1 は非負の Markov 行列であるから，Perron-Frobenius 定理を適用することが出来る．容易に判るように，W_1 は固有値 1 を有し，それに属する右 Perron-Frobenius ベクトルは要素が全て 1 であるように取る事が出来る．

更に，W_1 の左 Perron-Frobenius ベクトル $p = \begin{pmatrix} p_1 & \cdots & p_m \end{pmatrix}$ を計算すると，容易に，

$$p = \begin{pmatrix} 1 & 1-\frac{1}{m} & \cdots & \frac{1}{m} \end{pmatrix}$$

を得る．これは，定額法の下での，年齢別固定資本の残存価値額，即ち実質価値額を与えるベクトルになっている．

以上のように，興味のある左右 Perron-Frobenius ベクトルを有する Markov 行列 W_1 が固定資本の更新過程の如何なる側面を内在的に表しているのか，

それを見る為に，(2.7) を固有方程式とする差分方程式を考察する．固有方程式の中で，λ^j が欠けることなく登場しているが，これは元々の差分方程式で見れば，減価償却の基礎となる年齢別固定資本，即各期の固定資本の存在量，即ある年度の粗投資に対応する関係が定式化されていることになる．各期の固定資本の名目存在量は，それに先行する粗投資の和，つまり年齢別固定資本の和に分解する事が可能であるから，次に，年齢別固定資本の関係を考察することから，固定資本の運動を再検討する．

2.3 減価償却率と年齢別固定資本の運動

2.3.1 年齢別固定資本と減価償却

固定資本の能率が年齢によらず一定であるとすれば，年齢の異なる固定資本を，固定資本の物理単位で集計して，名目的な存在量（現物数量）を求める事ができる．前に固定資本の更新過程を検討した際，減価償却率は定額法の比率を使用した．年齢の高い固定資本も，名目価値で評価して問題は生じない．しかし，減価償却率を他の方法に変更した場合，名目価値を使用することは，問題を生じないであろうか．

減価償却とは，費用の計算であって，耐久的な設備の価値額のどれ程が費用として生産された商品に移転されるべきかを表す．もし，減価償却率が定額法のような簡単な方法でないならば，各々の年齢の固定資本がどれ程減価していくのか，それを名目価値に対する比率で常に評価することは複雑な問題を孕む事になるであろう．従って，以下，減価償却の対象としての価値は，名目ではなく，実質的な，残存する価値の大きさで評価することを議論の対象とする．

耐用年数 m 年の場合，0 歳から $m-1$ 歳までの年齢別の固定資本が存在するので，年齢別に減価償却額を計算することが出来る．これは，山田・山田方程式を年齢別固定資本の観点から書き直す事を意味している．

前述のように，減価償却の計算は価値あるいは価格と言う尺度次元の計算

である事に注意する必要がある．固定資本の能率が耐用年数の期間内では同一であると想定されるならば，固定資本の使用価値物としての現物数量，即ち名目存在量は，該当の固定資本が年齢を重ねても不変である．しかし，年齢を重ねると共に，減価償却が行われるので，実質的価値額は減少していく．減価償却は，正にこの実質的な価値額の減少分を計算することである．

耐用年数 m 年の固定資本を定額法で減価償却する場合，1 年当りで年齢 0 歳のもので測って $\frac{1}{m}$ だけ減価する．既に k 年使用したとすると，減価償却した合計額は $\frac{k}{m}$ であるから，残存する実質価値額は $1 - \frac{k}{m}$ となる．k 年使用した固定資本は残り $m - k$ 年使用できる．そうすると，k 年目から翌年の $k+1$ 年目にかけての減価償却額は，

$$\frac{\text{残存する実質価値}}{\text{残り使用年数}} = \frac{1 - \frac{k}{m}}{m - k} = \frac{1}{m}$$

である．この考え方を適用すれば，過去の固定資本の粗投資額の実質価値に，残存使用年数即ち年齢に依存した償却率を乗じて減価償却額の合計を求める事が出来る．

これを一般化して，年齢 i 歳のものの減価償却率を c_i，減価額を d_i，残存する実質価値を e_i とすると，$i = 0, 1, \ldots, m-1$ に対して，関係式

$$d_0 + \cdots + d_{m-1} = e_0,$$
$$c_i e_i - d_i = 0,$$
$$e_{i+1} = e_i - d_i,$$

但し，$e_0 = 1, d_0 = c_0, c_{m-1} = 1$ が成立する．この式から，与えられた c_i に対して簡約化された e_i, d_i を得る．即ち，

$$e_{i+1} = (1 - c_i)e_i, \quad d_i = c_i e_i$$

であるから，c_i の如何に拘らず，$c_{m-1} = 1$ と $e_m = 0$ とは同値であり，更に，それ等と

(2.9) $$d_0 + d_1 + \cdots + d_{m-1} = e_0$$

とは同値である事が判る.一般にこの式は恒等的に成立する.この式は,減価償却額の合計が固定設備の取得価格を回収している事を意味する.この恒等式は減価償却率 c_i の計算方法如何に依存しない.この式が,前述のように,再投資の過程を Markov 過程として見る事を可能にする重要な式である.

2.3.2 年齢別固定資本の動学

t 期の固定資本粗投資を $G(t)$ とする.粗投資は一般的に年齢 0 歳の固定資本に向けられると想定するのは妥当である.そうすると,k 歳の固定資本は $t-k$ 期の粗投資 $G(t-k)$ であることになる.

説明の繁雑さを避けるために,耐用年数を $m=4$ 年として,最初に簡単な図式を描く.それが,次の表 2.1 である.

新投資 $F(t)$ はある期 t の期首になされるとする.その直後の,該当期の年齢 τ 歳の固定資本の存在量を $K(t,\tau)$ とする.次に,該当期期末直前の費用計算で減価償却が行われるものとし,t 期に τ 歳の固定資本の減価償却額を $A(t,\tau)$ とする.それ等の合計を $A(t)$ とする.年齢 τ 歳の固定資本の減価償却率を c_τ,実質価値を e_τ とする.ここでは,年齢を 0, 1, 2, 3 歳と数える.

表 2.1 固定資本の更新と新投資

t	1	2	3	4	5	..
$F(t)$	1	$F(2)=\Delta$	Δ^2	Δ^3	Δ^4	
$K(t,0)$	1	$F(2)+A(1)=c_0+\Delta$	$F(3)+A(2)$	$F(4)+A(3)$	$F(5)+A(4)$	
$K(t,1)$		1	$F(2)+A(1)$	$F(3)+A(2)$	$F(4)+A(3)$	
$K(t,2)$			1	$F(2)+A(1)$	$F(3)+A(2)$	
$K(t,3)$				1	$F(2)+A(1)$	
$A(t,0)$	c_0	$c_0 K(2,0)=c_0(c_0+\Delta)$	$c_0 K(3,0)$	$c_0 K(4,0)$	$c_0 K(5,0)$	
$A(t,1)$		$c_1 e_1 K(2,1)=c_1 e_1$	$c_1 e_1 K(3,1)$	$c_1 e_1 K(4,1)$	$c_1 e_1 K(5,1)$	
$A(t,2)$			$c_2 e_2$	$c_2 e_2 K(4,2)$	$c_2 e_2 K(5,2)$	
$A(t,3)$				$c_3 e_3$	$c_3 e_3 K(5,3)$	
$A(t)$	c_0	$A(2)=c_0 K(2,0)+c_1 e_1 K(2,1)$	$A(3)$	$A(4)$	$A(5)$	

固定設備の投資は $F(1) = 1$ から起動される．1 期の名目存在量は $K(1) = K(1,0) = 1$，1 期末の減価償却額は $A(1) = c_0 e_0 K(1,0) = c_0$ で求められる．

次の 2 期の期首に，新投資 $F(2) = \Delta$ が為される．併せて，減価償却分 $A(1)$ が再投資されるので，0 歳の固定資本となる粗投資は $A(1) + F(2) = c_0 + \Delta$ である．前期の 0 歳の固定資本が 1 歳の固定資本として存在しているから，期末の減価償却額合計は，$A(2) = c_0 K(2,0) + c_1 e_1 K(2,1)$ である．

3 期目には，新投資は $F(3) = \Delta^2$ である．よって，粗投資は $K(3,0) = F(3) + A(2)$ となる．減価償却は，$A(3) = c_0 K(3,0) + c_1 e_1 K(3,1) + c_2 e_2 K(3,2)$ となる．

4 期目も同様．粗投資は $F(4) = \Delta^3$ に $A(3)$ を加えた $K(4,0) = F(4) + A(3)$ となる．ここで全ての年齢の固定資本が揃う事になる．期末の減価償却は，$A(4) = c_0 K(4,0) + c_1 e_1 K(4,1) + c_2 e_2 K(4,2) + c_3 e_3 K(4,3)$ となる．

以上より，次の差分関係式が成立する事が判る．

(2.10) $\qquad K(t,0) = F(t) + A(t-1),$

(2.11) $\qquad A(t) = A(t,0) + \cdots + A(t,3),$

(2.12) $\qquad A(t,\tau) = c_\tau e_\tau K(t,\tau),$

(2.13) $\qquad K(t,\tau) = K(t+1, \tau+1).$

尚，耐用年数が 4 年の例では，t 期の粗投資分は減価償却により 4 年で回収される．その回収の系列は，表 2.1 では，

(2.14) $\quad c_0 K(t,0) + c_1 e_1 K(t+1,1) + \cdots + c_3 e_3 K(t+3,3) = K(t,0)$

で確認される．これは，減価償却が取得価格を十全に回収する事，

$$\sum_{i=0}^{m-1} d_i = 1$$

と同義である.

以上より, $K(t,0)$ に注目すると,

$$\begin{aligned}K(t,0) &= F(t) + A(t-1,0) + \cdots + A(t-1,3) \\ &= F(t) + c_0 e_0 K(t-1,0) + \cdots + c_3 e_3 K(t-1,3) \\ &= F(t) + c_0 e_0 K(t-1,0) + \cdots + c_3 e_3 K(t-4,0),\end{aligned}$$

即ち, $G(t) \equiv K(t,0)$ として,

(2.15) $\quad G(t) - c_0 G(t-1) - c_1 e_1 G(t-2) - \cdots - c_3 e_3 G(t-4) = F(t).$

更に, 離散時間変数 t をずらすと, $\tau = 1, 2, 3$ に対して,

$$G(t-\tau) - c_0 G(t-\tau-1) - \cdots - c_3 e_3 G(t-\tau-4) = F(t-\tau)$$

であるから, $m = 4$ 年にわたりそれ等の両辺を加えると, $K(t)$ の定義

$$K(t) \equiv K(t,0) + \cdots + K(t,3) = G(t) + G(t-1) + \cdots + G(t-3)$$

より,

(2.16) $\quad K(t) - c_0 K(t-1) - \cdots - c_3 e_3 K(t-4) = F(t) + \cdots + F(t-4)$

が成立する.

これ等 2 本の差分方程式の固有方程式は同一であって, 以下の通りである.

(2.17) $\quad\quad\quad \lambda^4 - c_0 \lambda^3 - c_1 e_1 \lambda^2 - c_2 e_2 \lambda - c_3 e_3 = 0.$

容易に判るように, この固有方程式は 1 を根に有する.

また, この差分方程式の随伴行列は

$$W_2 = \begin{pmatrix} c_0 & c_1 e_1 & c_2 e_2 & c_3 e_3 \\ 1 & 0 & 0 & 0 \\ 0 & 1 & 0 & 0 \\ 0 & 0 & 1 & 0 \end{pmatrix}$$

であって，非負行列，しかも，行和は 1 であるような Markov 行列である．Perron-Frobenius 定理により，W_2 には絶対値最大の固有値 1 が存在し，その（左右）固有ベクトルは正である．

右 Perron-Frobenius ベクトルは全ての要素を 1 に取る事が出来る．これは，定常状態の年齢別固定資本の存在量比を与えている．即ち，時系列 $K(t,0)$ は粗投資の列を構成している．$K(t,0)$ を追跡すれば，実は各期の年齢別固定資本構成が判明する．年齢 0 歳の固定資本は i 年経過すると i 歳の固定資本になるので，$K(t,0)$ の列は，結局，m 年後の年齢別固定資本の存在量を与えるベクトルに翻訳出来る．そのベクトルは，固有値 1 に対応するものを取れば，要素は全て 1 から成るベクトルであって，前述の計算で得たものと一致する．つまり，この場合でも，固定資本の更新過程の定常状態は年齢別の固定資本の存在量がすべて等しい状態である．右 Perron-Frobenius ベクトルは減価償却率に全く依存しない．

また，随伴行列の左 Perron-Frobenius ベクトル $p = \begin{pmatrix} p_1 & \cdots & p_4 \end{pmatrix}$ は，明らかに，

$$p_1 = 1, p_2 = (1 - c_1 e_1)p_1, p_3 = (1 - c_2 e_2)p_2, p_4 = (1 - c_3 e_3)p_3$$

である．これ等から，実は，

$$p_1 = e_0, \cdots, p_4 = e_3$$

となるので，p は減価償却率 c_i に対応した固定資本の残存価値比率を与えている．

2.3.3 山田・山田方程式の一般化

以上の予備的考察は，耐用年数が m 年である場合に，容易に一般化され得る．

山田・山田方程式を粗投資 $G(t)$ を中心とした方程式に変換する．

(2.18) $\qquad K(t) = G(t) + \cdots + G(t - m + 1),$

(2.19) $\quad G(t) = F(t) + D(t),$

(2.20) $\quad D(t) = c_0 e_0 G(t-1) + \cdots + c_{m-1} e_{m-1} G(t-m)$

である．これより，

(2.21) $\quad G(t) - c_0 e_0 G(t-1) - \cdots - c_{m-1} e_{m-1} G(t-m) = F(t)$

を得る．

これを更に書き直して，

(2.22) $\quad K(t) - c_0 e_0 K(t-1) - \cdots - c_{m-1} e_{m-1} K(t-m) = \sum_{\tau=0}^{m} F(t-\tau).$

これ等 2 本の差分方程式 (2.21), (2.22) の固有方程式, 従って同次差分方程式の随伴行列は一致して，

$$W_3 = \begin{pmatrix} h_1 & h_2 & \cdots & h_m \\ 1 & 0 & \cdots & 0 \\ \vdots & \ddots & \ddots & \vdots \\ 0 & \cdots & 1 & 0 \end{pmatrix}$$

但し, $h_i = c_{i-1} e_{i-1}$, $h_1 + \cdots h_m = 1$, である．

W_3 は非負行列であって，行和が 1 である Markov 行列である．

明らかに，W_3 は式 (2.8) による W_1 を一般化したものである．両者の相違は減価償却率の定義の仕方のみであって，特に，定額償却法の場合，

$$h_i = \frac{1}{m-i} e_{m-i} = \frac{1}{m-i}(e_{m-i-1} - c_i e_i) = \frac{1}{m}$$

となるので，W_3 は特別な場合として W_1 を含む．かくして，年齢別固定資本の運動を考察する事で，山田・山田モデルに内在する固定資本の運動が再構成されたのである．

W_3 は，絶対値最大の実固有値 1 を有し，それに随伴する右固有ベ

クトルは年齢別存在量比率の均衡水準を与える．左固有ベクトル $p = \begin{pmatrix} p_0 & p_1 & \cdots & p_{m-1} \end{pmatrix}$ は，

$$p_0 = 1, p_1 = (1-c_0)p_0, \cdots, p_{m-1} = (1-c_{m-2})p_{m-2}$$

である．$e_{i+1} = (1-c_i)e_i$ であるから，実は，年齢別固定資本の単位実質価値比率

(2.23) $$p = \begin{pmatrix} e_0 & e_1 & \cdots & e_{m-1} \end{pmatrix}$$

を与えている．即ち，固定資本の更新過程は，固定資本の耐用年数によって次元を規定される W_3 によって，完全に明らかにされる．W_3 の左右の Perron-Frobenius ベクトルが，平衡に於ける年齢別固定資本の実質価値比率と存在量とを与える．

従って，固定資本の年齢別能率が一定不変の場合，減価償却が固定設備の取得価格を回収するように設定されている限り，新品の固定資本と中古の固定資本の価格比率は減価償却率のみに依存して決定されると云う命題（減価償却法則）を，Markov 過程の角度から確認出来る．

ここで，$I - W_3$ に部分列和行列 E を右乗すると，

(2.24) $$(I-W_3)E = \begin{pmatrix} 0 & -\sum_{1}^{m-1} c_i e_i & \cdots & -\sum_{m-2}^{m-1} c_i e_i & c_{m-1}e_{m-1} \\ 0 & 1 & \cdots & 0 & 0 \\ 0 & 0 & \ddots & 0 & 0 \\ \vdots & \vdots & \ddots & \ddots & \vdots \\ 0 & 0 & \cdots & 0 & 1 \end{pmatrix}.$$

かくして，$p(I-W_3) = \mathbf{o}$ に非自明解が存在し，中古固定資本の新品固定資本に対する価格比率は，(2.24) の $2, \cdots, m$ 列目に埋込まれている事が判明する．例えば，耐用年数を 3 年とする場合，新品固定資本の価格 p_0 を 1 として，(2.24) より，$p_1 = 1 - \psi(r,3), p_2 = \bigl(1-\psi(r,2)\bigr)\bigl(1-\psi(r,3)\bigr)$．故に，中

古固定資本の新品固定資本に対する価格比率を決定する意味では，(1.6) のものとは実質的に同じである．

この様に，置塩・中谷の縮約は減価償却法則の特殊な場合を内包している事が判る．

2.4 結

以上のように，減価償却の再投資による固定資本の更新過程は，高階の差分方程式で記述されるが，その階数を規定するものは固定資本の耐用年数である．従って，固定資本の耐用年数が固定資本の運動を支配する重要な要因である．

山田・山田模型のように年々の名目存在量から出発する固定資本運動の差分方程式は，その一部としての，年々の粗投資の運動，つまり年齢別固定資本の運動を内包している．前者と後者との関係は，後者の固有多項式が前者のそれの最小多項式になっている点に表現されている．

名目存在量を主語にする模型にせよ，粗投資から出発する模型にせよ，定常状態を決定するのは，粗投資を主語とする差分方程式の随伴行列の固有値，固有ベクトルである．その随伴行列は Markov 行列であるから，絶対値最大正の固有値 1 が存在する．それに属する固有ベクトルは，左右共に，正であるベクトルが存在する．

それ故，安定な定常状態が存在する．このように，固定資本投資は，それが良く管理されている限り，安定な均衡状態に収束する傾向を有する．

定常状態は明確な経済的意味を有する．

年齢別固定資本の運動に照応する随伴行列の右固有ベクトルは，全ての成分が 1 であるように取る事が可能である．これは，固定資本の減価償却再投資のもたらす年齢別固定資本比率（均衡比率）が，中古固定資本の年齢に依らず一致する事を示している．

他方，左固有ベクトルは，年齢別固定資本の評価の比率を与えている．中

古の固定資本の評価の 0 歳の固定資本の評価に対する比率は，減価償却に依存して決定されている事を確認しておく事は，極めて重要である．

第3章

Marx-Sraffa結合生産模型と固有値問題[*]

3.1 序

華羅庚 (Hua, 1984) は，社会主義経済を意識しながら，非耐久財のみから構成される商品経済（非結合生産体系）を対象に，Perron-Frobenius 定理を用い 非負正方の係数行列の固有値問題として，均衡生産価格安定，数量不安定（双対不安定性）を取り上げ，計画経済の下では何等かの経済計画（数量的制御）が必要であろう事を示唆した。[1] 固有値と固有ベクトルがある系の均衡や安定性を決定する．非結合生産系ではその事は端的に判る．しかし，固定資本やより一般的な結合生産を許容する系の場合，系の均衡や特に安定性に関する研究が固有値問題の視点から成されていなかった。[2] 本章では矩形の係数行列を有する結合生産系を，固有値問題として扱い，系の均衡や安定性を決定する固有値と固有ベクトルを探索出来ないか，検討する．

Sraffa (1960) は固定資本の問題を結合生産の枠組と結付けた．置塩・中谷 (1975) 及び中谷 (1994) は固定資本を含む多部門経済を賃金前払いで定式化した．[3] 本章では，結合生産を許容する工程の集合を基礎として，賃金前払いの多部門線型経済模型であって，等式で均衡が定義されるような枠組をMarx-Sraffa 模型と呼ぶ．[4] 置塩・中谷は，新品財のみの世界でも その均等

---

[*] 本章は，李・藤森 (2009), Li and Fujimori (2010), 李・藤森 (2011) に一部加筆，修正を加えたものである．
[1] 華 (1984a,b,c,d,e, 1985a,b,c), Jorgenson(1960) も見よ．
[2] 線型計画に依る均衡解の探索は可能であるが，しかしその均衡が安定か否かは，判定出来ない．
[3] 第 1 章で議論した様な Sraffa-置塩-中谷型の固定資本経済（SON 経済）の類である．
[4] 例えば，Schefold (1989, Part II) の Pure Fixed Capital の議論はこれである．

利潤率が決定出来る事を示した.[5] しかし，置塩・中谷の縮約では，必ずしも操作的な固有値問題になっていない．

以上を勘案して，Marx-Sraffa 系を縮約せずそのまま固有値問題として考察する必要が有る．

本章では，先ず華羅庚命題の数量体系及び価格体系の動学的特性を，固有値問題として簡単に記述し，再整理する．

次に，一般的な結合生産様式の場合，これを固有値問題に直接的に変換する方策を講じる．中古固定資本の結合生産に限定せず，矩形の係数行列を有するより一般的な Marx-Sraffa 模型に基づく主に生産価格均衡の決定を，Moore-Penrose の擬似逆行列を応用して行う．それによって系の均衡の安定性を分析する．

最後に，擬似逆行列の数値計算例を示す．

3.2 華羅庚命題

3.2.1 投入産出の時間構造

先ず，図 3.1 の投入産出関係を見てみよう．図 3.1 は，以下の一点投入一点産出の生産構造を示している．つまり，t 期の期首に投入されるものは，t 期の期末に産出される．そして，t 期の期末に産出されたものをそのまま $t+1$ 期の期首に投入するという事である．

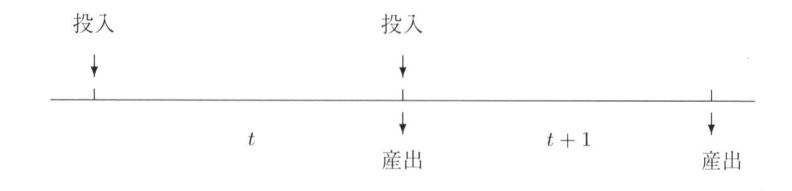

図 3.1 生産の時間的構造

---

[5] 斉一成長率の決定のみを問題にしてみれば，新品財のみに縮約された数量体系に於いても同様な事が云える．(Fujimori, 1982)

需給関係を簡単に，

(3.1) $$x(t) = Mx(t+1)$$

と記す．ここで，M は m 次の正方行列である．

$x(0)$ を所与として，(3.1) を初期値問題として解く．$M > O$ には，Perron-Frobenius 定理を適用できる．Perron-Frobenius 根，Perron-Frobenius ベクトルの組を (λ_1, z^1) とする．

(3.1) 式を正規形に書き直すと，M が正則行列ならば，

(3.2) $$x(t+1) = M^{-1}x(t)$$

を得る．

M と M^{-1} との零を除く固有値は逆数関係となり，固有ベクトルは同じである．

これで，(3.2) 式の一般解 $x(t)$ は，

(3.3) $$x(t) = \sum_{i=1}^{m} u_i \left(\frac{1}{\lambda_i}\right)^t z^i$$

となる．u_i は初期条件で決まる定数である．数量体系での意味の有る均衡状態は $z^1 > \mathbf{0}$ で与えられる．

今，

$$\frac{1}{\lambda_1} < \frac{1}{|\lambda_j|}, j = 2, 3, \cdots, m$$

である為，一般解の項のうち，$u_1 \left(\frac{1}{\lambda_1}\right)^t z^1$ の項が支配的ではない．而も，λ_j は Perron-Frobenius 根でない為，z^j は負の要素を有し，$x(t)$ は時間の経過に従って負の要素を持つ．つまり，z^1 は不安定である．

次に，t 期に於ける不生産的消費 $c(t)$ が有る場合，上述の数量体系は以下の様に変わる．

$$x(t) = Mx(t+1) + c(t)$$

これを正規形に書き直すと,

$$(3.4) \qquad x(t+1) = M^{-1}x(t) - M^{-1}c(t)$$

となる.

(3.4) 式の一般解 $x(t)$ は

$$(3.5) \qquad x(t) = \sum_{i=1}^{m} u_i \left(\frac{1}{\lambda_i}\right)^t z^i + \bar{c}(t)$$

となる. 但し, $\bar{c}(t)$ は特殊解の一つである.

これも, 一般解の項のうち, $u_1 \left(\dfrac{1}{\lambda_1}\right)^t z^1$ の項が支配的ではない為, $x(t)$ は時間の経過に従って負の要素を持つ事になる. つまり, 不生産的消費がある場合にも, z^1 は不安定である.

3.2.2 動学的生産価格体系

t 期の期首の費用に利潤を上乗せする事に依って, t 期の期末或いは $t+1$ 期の期首の価格は決められるから, 動学的生産価格体系は,

$$(3.6) \qquad p(t+1) = (1+r)p(t)M$$

と表される. 初期条件 $p(0)$ は所与とする.

M の Perron-Frobenius 根, 左 Perron-Frobenius ベクトルの組を (λ_1, y^1) とする. ここで, 生産価格体系の時の M の固有値は数量体系の時の固有値と同じである.

故に, 一般解 $p(t)$ は

$$(3.7) \qquad p(t) = \sum_{i=1}^{m} v_i \lambda_i^t y^i$$

になる. v_i は初期条件で決まる定数である. 一般解の項のうち, Perron-Frobenius 根の項が支配的になっている為, この価格システムは安定である

と云える.[6]

　以上，固定資本を捨象し，非結合生産の枠組で華羅庚命題を非負正方行列の固有値問題として扱い，Perron-Frobenius 定理を用いてその双対不安定性を示した.

　さて，Marx-Sraffa の結合生産様式に於いて，生産価格や数量均衡を固有値問題として扱えるか，更にこの場合に於ける動学的システムの安定性はどうであるか，これ等の問題を次節で詳しく検討する.

3.3　Marx-Sraffa 模型と固有値問題

3.3.1　基本的枠組

　基礎財のみを対象とし，価格ベクトルを p，投入係数行列を A，産出行列を B，労働投入ベクトルを L，賃金財の束を f，均等利潤率を r とすると，生産価格体系の均衡方程式は，

$$(3.8) \qquad pB = (1+r)pM$$

で表される．但し，

$$(3.9) \qquad M = A + fL$$

である．M は拡大投入係数行列と呼ばれる．

　同様に，操業水準ベクトルを x，斉一成長率を g とすると，数量体系の均衡方程式は，

$$(3.10) \qquad Bx = (1+g)Mx$$

で表される．

---

　[6] 中国の投入産出表では，剰余 (operating surplus) という項目が有る．これは一種の利潤指標で，剰余率を適切に政府が設定すれば，$p(t)$ は一定水準に収束する．計画経済では，価格を安定させる為，r を制御する．

投入行列，産出行列の類は横長である．$m \times n$ 次の B, M を考え，次の階数条件を仮定する．

(3.11) $$\mathrm{rank}(B) = \mathrm{rank}(M) = m = \min(m, n).$$

ここで，生産価格 p と操業水準 x の定義式を簡略にして，次のように記述しておく．

(3.12) $$pB = \alpha pM,$$
(3.13) $$Bx = \beta Mx.$$

当然ながら，非自明解のみを議論の対象とする．

3.3.2　特異値分解と擬似逆行列

B, M に対し，各々の特異値を対角元とする行列を Σ, Λ とする．B, M の階数に関する前提より，

$$\mathrm{rank}(\Sigma) = \mathrm{rank}(\Lambda) = m$$

B, M の特異値分解は，適当な直交行列 U, V, S, T を用いて，

$$B = U \begin{pmatrix} \Sigma & O \end{pmatrix} {}^t V, \quad M = S \begin{pmatrix} \Lambda & O \end{pmatrix} {}^t T$$

で与えられる．但し，U, S は m 次，V, T は n 次である．この場合，特異値分解による擬似逆行列の表現は，

(3.14) $$B^+ = V \begin{pmatrix} \Sigma^{-1} \\ O \end{pmatrix} {}^t U,$$

(3.15) $$M^+ = T \begin{pmatrix} \Lambda^{-1} \\ O \end{pmatrix} {}^t S,$$

である．特異値分解は一意であるから，擬似逆行列は一意である．[7]

3.3.3 均衡行ベクトルの場合

$\mathrm{rank}(BB^+) = \mathrm{rank}(MM^+) = m$ を考慮すると，

$$BB^+ = I, \ MM^+ = I.$$

よって，(3.12) を満たす p, α は

(3.16) $$p = \alpha p M B^+$$

を満たす．これを，以下では，"(3.12) $\Longrightarrow$ (3.16)" と略記する．

同様にして，M^+ の右乗から出発すれば，

(3.17) $$pBM^+ = \alpha p.$$

MB^+ と BM^+ は，相互に逆行列になっていて，(3.16) と (3.17) とは等価であるから，

$$p = \alpha p M B^+ \iff pBM^+ = \alpha p.$$

よって，其々の固有値は相互に逆数の関係にある．

3.3.4 均衡列ベクトルの場合

B^+ を使用した固有値問題

(3.18) $$x = \beta B^+ M x$$

から出発する．両辺に B を左乗すると，$BB^+ = I$ であるから，

$$Bx = \beta M x$$

---

[7] 一般逆行列や特異値分解に関する一般的議論は，Rao and Mitra (1972), Strang (1976), Campbell and Meyer (1979), 柳井・竹内 (1983), Ben-Israel and Greville (2003) 等を参照せよ．

よって，(3.18) を満たす β, x は (3.13) を満たす．

同様に，

$$\beta x = M^+ B x \tag{3.19}$$

を満たす β, x は (3.13) を満たす．

さて，B^+M の固有値と M^+B の固有値との関係を調べる．

$$B^+M = V \begin{pmatrix} \Sigma^{-1}\,{}^t U S \Lambda & O \\ O & O \end{pmatrix} {}^t T, \quad M^+B = T \begin{pmatrix} \Lambda^{-1}\,{}^t S U \Sigma & O \\ O & O \end{pmatrix} {}^t V \tag{3.20}$$

U, V, S, T は直交行列であるから，B^+M と M^+B とは相互に，0 を除く互いの固有値の逆数を固有値とすると云う意味で，逆になっている．

3.3.5 B^+M の固有値と MB^+ の固有値との関係

(3.20) より，B^+M は $n-m$ 個の重根 0 を有する事が判る．重根 0 を除いた B^+M の固有値と MB^+ の固有値．

M は $m \times n$ 次，B^+ は $n \times m$ 次で，MB^+ の固有値と B^+M の 0 を除く固有値とが一致する．(柳井・竹内, 1983, 126 頁, 補助定理 5.7.)

実際，MB^+ と B^+M の Jordan 標準形に注目すると，MB^+ の固有方程式 $\psi_{MB^+}(\lambda)$ と B^+M の固有方程式 $\psi_{B^+M}(\lambda)$ は，次の様な関係を満たす．即ち，$\psi_{B^+M}(\lambda) = \lambda^{n-m} \psi_{MB^+}(\lambda)$. [8]

3.3.6 生産価格方程式と固有値問題

先ず，(3.12) と (3.16) を各々次のように記述する．

$$p(B - \alpha M) = \mathbf{0} \tag{3.21}$$
$$p(I - \alpha M B^+) = \mathbf{0} \tag{3.22}$$

前節に示された通り，"(3.21) $\Rightarrow$ (3.22)" は明かである．以下，"(3.22) $\Rightarrow$ (3.21)"

---
[8] Jordan 標準形に就いては，例えば韓・伊理 (1982) を参照されたい．

を示す.

B の特異値分解に適当な正則変換を施せば，適当な正則行列の組 X, G, Y を取り，

(3.23) $$B = X \begin{pmatrix} G & O \end{pmatrix} Y$$

と分解出来る. G は m 次の正則行列である. 容易に,

(3.24) $$B^+ = Y^{-1} \begin{pmatrix} G^{-1} \\ O \end{pmatrix} X^{-1}$$

を得る.

$$B = \begin{pmatrix} B_1 & B_2 \end{pmatrix} = X \begin{pmatrix} G & O \end{pmatrix} \begin{pmatrix} Y_{11} & Y_{12} \\ Y_{21} & Y_{22} \end{pmatrix}$$

と出来るから,

$$Y_{11} = (XG)^{-1} B_1, \; Y_{12} = (XG)^{-1} B_2$$

となる. $(XG)^{-1}$ は正則であるから，明かに $\mathrm{rank}(Y_{12}) = \mathrm{rank}(B_2)$ である. よって, $Y_{12} \neq O_{m,(n-m)}$. 他方, $Y_{21} = O$ と選択しても良い. [9]

(3.22) の両辺に B を右乗して,

$$p(B - \alpha M B^+ B) = \mathbf{o}$$

を得る. (3.23), (3.24) より, $B^+ B = Y^{-1} \hat{I}_m Y$. 但し, $\hat{I}_m = \begin{pmatrix} I & O \\ O & O \end{pmatrix}$.
それ故,

---

[9] ここで注意すべきは，特異値分解の場合の U, V は固定されるのに対し，X, G, Y の組は無限に存在すると云う事である. 例えば, (3.23) を満たす 2 組の $\bar{X}, \bar{G}, \bar{Y}$ と X, G, Y を取ると,

$$X \begin{pmatrix} G & O \end{pmatrix} \begin{pmatrix} Y_{11} & Y_{12} \\ Y_{21} & Y_{22} \end{pmatrix} = \bar{X} \begin{pmatrix} \bar{G} & O \end{pmatrix} \begin{pmatrix} \bar{Y}_{11} & \bar{Y}_{12} \\ \bar{Y}_{21} & \bar{Y}_{22} \end{pmatrix}$$

但し, Y_{11} と $\bar{Y}_{11}$ は各々 m 次の正則行列で, Y_{22} と $\bar{Y}_{22}$ は其々 $n-m$ 次の正則行列である. 式の両辺を展開すると, $\begin{pmatrix} GY_{11} & GY_{12} \end{pmatrix} = \begin{pmatrix} X^{-1} \bar{X} \bar{G} \bar{Y}_{11} & X^{-1} \bar{X} \bar{G} \bar{Y}_{12} \end{pmatrix}$ を得る. Y_{11}, Y_{12} は他の組の対応区画と正則変換により制約される. 従って，このような Y は無限に存在する.

$$p(B - \alpha M Y^{-1} \hat{I}_m Y) = \mathbf{0}$$

となる. n 次の $\hat{I}_m$ は冪等であるから,上の式の両辺に $Y^{-1}\hat{I}_m (\neq O)$ を右乗すると,

$$p(B - \alpha M) Y^{-1} \hat{I}_m = \mathbf{0}$$

を得る.

Y_{ij} を Y の小行列とすれば,

$$Y^{-1}\hat{I}_m = \begin{pmatrix} Y_{11} & Y_{12} \\ Y_{21} & Y_{22} \end{pmatrix}^{-1} \begin{pmatrix} I & O \\ O & O \end{pmatrix} = \begin{pmatrix} Y_1 & O \\ Y_2 & O \end{pmatrix}$$

と出来る. 但し,$Y_1 = Y_{11}^{-1} + Y_{11}^{-1} Y_{12} (Y_{22} - Y_{21} Y_{11}^{-1} Y_{12})^{-1} Y_{21} Y_{11}^{-1}$, $Y_2 = -(Y_{22} - Y_{21} Y_{11}^{-1} Y_{12})^{-1} Y_{21} Y_{11}^{-1}$ である. $u = \begin{pmatrix} u^1 & u^2 \end{pmatrix} = p(B - \alpha M)$ とすると,

(3.25) $$u^1 Y_1 + u^2 Y_2 = \mathbf{0}$$

となる. Y_{21} は任意であるから, $Y_{21} = O_{(n-m),m}$ とすると, $u^1 Y_1 = u^1 Y_{11}^{-1} = \mathbf{0}$ となる. Y_{11}^{-1} は m 次の正則行列であるから, $u^1 = \mathbf{0}_m$ でなければならない. 任意の $Y_{21} \neq O$ を選択すると, $\operatorname{rank}(Y_{21}) = \iota$ として, ι は 1 から $\min(m, n-m)$ までのいずれかである. Y_2 は Y_{21} に $n-m$ 次の正則行列を左乗, m 次の正則行列を右乗しただけであるから,明かに $\operatorname{rank}(Y_2) = \operatorname{rank}(Y_{21})$. $Y_2 \neq O$ も Y_{21} に応じて任意に取れる. 例えば, Y_2 が階数 ι の $(0, 1)$ 行列となる様に Y_{21} を取れば良い. 任意の $Y_2 \neq O$ に対して, $u^2 Y_2 = \mathbf{0}$ にならなければならないから, $u^2 = \mathbf{0}_{n-m}$ でなければならない. それより, $u = \mathbf{0}_n$ となる. よって, "(3.22) $\Rightarrow$ (3.21)".

3.3.7 操業水準ベクトルと同次連立方程式の基本解

(3.13) と (3.18) は其々次のように記述される.

(3.26) $$(B - \beta M)x = \mathbf{0},$$

$$(3.27) \qquad (I - \beta B^+ M)x = \mathbf{0}.$$

前節で示された様に，"(3.27) ⇒ (3.26)" は明かである．

前述の通り，B^+M の固有値は，MB^+ の固有値に $(n-m)$ 個の 0 を加えたものである．0 を除けば，両方の固有値は一致するから，非基礎財を無視した場合，生産価格均衡と両立する操業水準均衡の成長率因子 β は利潤率因子 α と同一である．

$\varsigma = \mathrm{rank}(B - \beta M)$ とすると，(3.26) の基本解は $n - \varsigma$ 個存在する．[10] それ等を $\{x^1, \cdots, x^{n-\varsigma}\}$ として，同次連立方程式 (3.26) には無限個の非自明解 $\displaystyle\sum_{1}^{n-\varsigma} a_i x^i$ (a_i は任意の実数) が存在する．

$(I - \beta B^+ M)x = \mathbf{0}$ から得られるのは，1つの固有値 $\frac{1}{\beta}$ に属する固有ベクトル x であるが，その β に対応する $(B - \beta M)x = \mathbf{0}$ の基本解は $n - \varsigma$ 個存在するので，少なくとも 1 つの基本解が固有ベクトルとして求められる事が判る．従って，操業水準ベクトルに関しては，固有値問題でその全てを探索する事は出来ないが，しかし，経済的に意味のあるであろう基本解を固有ベクトルとして優先的に求める事は，数値計算上の技法としては可能である．それ故，固有値問題を計算する事には意義がある．

3.3.8 非基礎財の存在する場合

非基礎財が存在する経済に於いては，投入や産出の係数行列は次の様に表現出来る．

$$(3.28) \qquad B = \begin{pmatrix} B_{11} & B_{12} \\ O & B_{22} \end{pmatrix}, M = \begin{pmatrix} M_{11} & M_{12} \\ O & O \end{pmatrix}.$$

ここで，基礎財のみを産出する部門の集合を部類 1，非基礎財を産出し，且つ基礎財も結合生産され得る部門の集合を部類 2 とする．但し，全部門が非基礎財しか結合生産しない様なケースを考慮しない．

---

[10] 基本解の求め方に就いては，例えば宮岡・眞田 (2007, 6.3 節) を参照せよ．

中古固定資本を含む基礎財の種類数を m_1, 基礎財のみを産出する生産工程数を n_1 とし，非基礎財の種類数を m_2, 非基礎財を結合生産する生産工程数を n_2 とする．従って，B_{11}, M_{11} は $m_1 \times n_1$, B_{12}, M_{12} は $m_1 \times n_2$, B_{22} は $m_2 \times n_2$ である．

これ迄の議論と同様，

$$m_1 \leq n_1, m_2 \leq n_2$$

と仮定し，$m = m_1 + m_2, n = n_1 + n_2$ とする．明らかに，$m \leq n$．

かくして，B の細胞行列 B_{ij}, M の細胞行列 M_{ij} は横長の矩形行列となる．更に個々の細胞行列に就いては，

(3.29) $\quad\quad\quad \mathrm{rank}(M) = \mathrm{rank}(M_{11}) = m_1,$

(3.30) $\quad\quad\quad \mathrm{rank}(B_{11}) = \mathrm{rank}(B_{12}) = m_1, \mathrm{rank}(B_{22}) = m_2,$

と仮定する．即ち，これ等の細胞行列に就いては，行最大階数を持つ事になる．

利潤要因を λ とすれば，非基礎財を含む生産価格均衡式は，一括して $pB = \lambda pM$ と書ける．$\mathrm{rank}(B) = m$ を想定すれば，これは基礎財のみの系と同様，簡単に $p = \lambda pMB^+$ の固有値問題に変換出来る．

ここで，基礎財の生産価格ベクトルを p^1, 非基礎財の生産価格ベクトルを p^2 とすると，Marx-Sraffa の生産価格均衡の定義式は

(3.31) $\quad\quad\quad\quad\quad\quad p^1 B_{11} = \lambda p^1 M_{11},$

(3.32) $\quad\quad\quad\quad\quad p^1 B_{12} + p^2 B_{22} = \lambda p^1 M_{12},$

と表現出来る．

従って，非基礎財が存在する経済であっても，基礎財に関する式 (3.31) は閉じているので，ここで (3.29), (3.30) の仮定より，

$$\mathrm{rank}(B_{11}) = \mathrm{rank}(M_{11}) = m_1 = \min(m_1, n_1)$$

と云う階数条件を想定すれば，基礎財の生産価格と利潤要因（= 利潤率 +1)

が完全に決定される．つまり，

$$p^1 = \lambda p^1 M_{11} B_{11}^+$$

として，$M_{11}B_{11}^+$ の固有値とそれに随伴する固有ベクトルの組 (λ, p^1) を求めれば良い．

他方，非基礎財の生産価格ベクトルは，利潤要因と基礎財の生産価格ベクトルの組 (λ, p^1) に応じて，

$$p^2 = p^1(\lambda M_{12} - B_{12})B_{22}^+$$

として一意的に決定される．

次に，成長要因（= 成長率 +1）を η とする．不生産的消費ベクトル $\boldsymbol{u}$ を所与とする場合，操業水準均衡式は次の様に定義される．

(3.33) $$B_{11}x^1 + B_{12}x^2 = \eta(M_{11}x^1 + M_{12}x^2),$$
(3.34) $$B_{22}x^2 = \boldsymbol{u}.$$

ここで，x^1 と x^2 は各々基礎財部類と非基礎財部類に於ける操業水準である．

(3.34) より，x^2 に就いては，$\boldsymbol{u}$ に応じて必ずしも一意的でない解が 1 つ存在するので，それを $x^2 = B_{22}^+ \boldsymbol{u}$ と置く．

x^2 を (3.33) に代入すれば，

$$x^1 = \left(\frac{1}{\eta}B_{11} - M_{11}\right)^+ \left(-\frac{1}{\eta}B_{12} + M_{12}\right) B_{22}^+ \boldsymbol{u}$$

を得る．この時，x^1 と x^2 とが元の連立方程式を満たすから，特解 $x = {}^t\begin{pmatrix} x^1 & x^2 \end{pmatrix}$ が不生産的消費ベクトル $\boldsymbol{u}$ に応じて 1 つ決定される．[11]

---

[11] 結合生産体系では，不生産的消費が存在しても，利潤率と成長率との対応関係を与える Cambridge 方程式は正しく成立する．つまり，蓄積率を α とすれば，成長要因と利潤要因とは

$$\eta - 1 = \alpha(\lambda - 1)$$

を満たす．

3.3.9 商品の種類と生産工程数との関係に就いて

ここ迄の議論は，形式的な面に於いては投入産出関係に於ける商品の種類 (m) と生産工程数 (n) とが $m \leq n$ を満たす，と云う条件に依存している．逆の大小関係，つまり形式条件 $m \geq n$ を満たす場合，均衡操業水準を探索する事が出来るのに対し，均衡生産価格に就いては，少くとも1つの基本解が固有ベクトルとして探索可能ではあるが，固有値問題でその全てを探索する事は出来ない．これを簡単に，

$\mathrm{rank}(B) = \mathrm{rank}(M) = n = \min(m, n)$ とする．

(1) $Bx = \beta Mx$ を満たす β, x は $x = \beta B^+ Mx$ を満たす．逆も同様．

(2) $p = \alpha pMB^+$ を満たす α, p は $pB = \alpha pM$ を満たす．逆の場合，少くとも $p(B - \alpha M) = \mathbf{o}$ の基本解の1つは，$p(I - \alpha MB^+) = \mathbf{o}$ の固有ベクトルとして求められる．

と要約出来る．

$m \geq n$ の場合，$B^+B = I$ である事に注意すれば，上述の結論は明らかである．

3.3.10 Marx-Sraffa 均衡の固有値問題—要約

Marx-Sraffa 模型の均衡を求める問題は，価格，操業水準（数量）共，各々固有値問題として要約される事が判明した．

$$(3.35) \qquad p = (1+r)pC,$$

$$(3.36) \qquad x = (1+g)Dx,$$

但し，$C = MB^+$, $D = B^+M$.

計算上の注意点は，C, D が必ずしも非負行列ではない事である．

以上の固有値問題は，中古固定資本の独自の結合生産様式に依存しない．より一般的な結合生産系であっても等式で定義される限り，Moore-Penrose

の擬似逆行列を応用した固有値問題として求められる.

応用上重要と思われるのは，固定資本の取扱いである．以下の 2 節では，具体的数値例を用いて，以上の理論的結果を確認する．

第 3.4 節の数値例は，固定資本に焦点を当て，中古固定資本のみが結合生産される様な置塩・中谷の方法を採用する．第 3.5 節の数値例は，中古固定資本の結合生産様式に限定されない，より一般的な結合生産体系のものを採用する．

3.4 数値計算例：置塩・中谷の方法の場合

3.4.1 Marx-Sraffa 模型の数値計算例

諸数値の設定

固定資本 2 種類，原材料 1 種類，消費財 2 種類が存在する経済を想定する．種類 1 の固定資本の耐用年数 $\tau_1 = 2$，種類 2 の固定資本の耐用年数 $\tau_2 = 3$ とする．この時，経済全体は 5 部門 8 財から構成される事になる．

先ず，種類 1 の固定資本，種類 2 の固定資本，原材料及び労働の投入係数を下記の通りに設定する．

表 3.1 Marx-Sraffa 模型に於ける諸数値の設定

$k_{11} = 0.40$	$k_{12} = 0.50$	$k_{13} = 0.35$	$k_{14} = 0.45$	$k_{15} = 0.60$
$k_{21} = 0.30$	$k_{22} = 0.25$	$k_{23} = 0.50$	$k_{24} = 0.40$	$k_{25} = 0.55$
$a_{11} = 0.25$	$a_{12} = 0.40$	$a_{13} = 0.20$	$a_{14} = 0.30$	$a_{15} = 0.50$
$l_1 = 0.10$	$l_2 = 0.20$	$l_3 = 0.15$	$l_4 = 0.10$	$l_5 = 0.25$

これより，投入係数行列 A，照応する産出係数行列 B，労働投入ベクトル L を確定出来る．賃金財の束 f を $f = {}^t\begin{pmatrix} 0 & 0 & 0 & 0 & 0 & 0 & 0.6 & 0.8 \end{pmatrix}$ とすれば，拡大投入係数行列は $M = A + fL$ で与えられる．[12]

---

[12] ここで注意すべきは，置塩・中谷の方法では，生産工程に全く投入されない純粋消費財が複数存在する場合，階数条件 $\text{rank}(M) \leq \text{rank}(B) = m = \min(m, n)$ が満たされるから，同様に Moore-Penrose の擬似逆行列に依る手法を応用出来る，と言う事である．

数値例 1：Marx-Sraffa 型生産価格均衡

C の固有方程式 $\psi_C(\lambda) = 0$ は,

$$\lambda^7 + 1.54\lambda^6 + 0.645\lambda^5 - 0.618\lambda^4 - 1.376\lambda^3 - 0.292\lambda^2 + 0.007\lambda + 0.001 = 0$$

であるから，C の固有値は次のようになる．

$$\lambda_1 = 0.893, \lambda_2 = 0.060, \lambda_3 = -0.051,$$
$$\lambda_4 = -0.255, \lambda_5 = -1.220, \lambda_{6,7} = -0.484 \pm 0.933i.$$

C の正の最大実固有値 λ_1 に対応する固有ベクトルのみを記述すると，次の通りである．

$$p^1 = \begin{pmatrix} 0.296 & 0.156 & 0.437 & 0.308 & 0.162 & 0.342 & 0.342 & 0.585 \end{pmatrix}.$$

それ故，均等利潤率は,

$$r = \frac{1}{\lambda_1} - 1 = 0.12008$$

と求められる．正の実固有値の中で最大なものである λ_1 に随伴する p^1 が生産価格の均衡比率を与えている．

C は非負行列ではないが，経済的に意味を有する正の固有値とそれに照応する左固有ベクトルが存在する．p^1 の最初の5つの要素は年齢別固定資本の生産価格を与えている．それらが利潤率に依存する減価償却率に応じた価格になっている事は，次のように確認出来る．

残存年数別減価償却率の式 (1.2) より,

$$\psi(r, 3) = 0.296, \psi(r, 2) = 0.472$$

であるから，減価償却率による中古固定資本の生産価格の式によると,

$$\frac{p_1^1}{p_1^0} = 1 - \psi(r, 2) = 0.528, \frac{p_2^1}{p_2^0} = 1 - \psi(r, 3) = 0.704,$$

$$\frac{p_2^2}{p_2^1} = 1 - \psi(r,2) = 0.528$$

が成立している.[13]

他方,λ_1 に随伴する生産価格の均衡比率 p^1 からも,

$$\begin{pmatrix} p^1{}_1 & p^1{}_2 \end{pmatrix} \propto \begin{pmatrix} 1 & 0.528 \end{pmatrix},$$
$$\begin{pmatrix} p^1{}_3 & p^1{}_4 & p^1{}_5 \end{pmatrix} \propto \begin{pmatrix} 1 & 0.704 & 0.372 \end{pmatrix}$$

が得られる.

年齢別固定資本の生産価格の均衡比率と,減価償却率による年齢別固定資本の生産価格の比率とは,同一なものである事が確認される.

数値例 2:Marx-Sraffa 型数量体系の定常状態

D の固有方程式は,

$$\lambda^{23}\psi_C(\lambda) = 0$$

となり,D の固有値は,上で求めた C の固有値 $\lambda_1, \cdots, \lambda_7$ に重根 0 を加えたものである.

λ_1 に随伴する右固有ベクトル z^1 は,以下の通りである.

$$z^1 = {}^t(0.236, 0.207, 0.209, 0.221, 0.222, 0.194, 0.161, 0.131, 0.139, 0.143,$$
$$0.150, 0.120, 0.309, 0.272, 0.265, 0.296, 0.286, 0.252, 0.113, 0.078,$$
$$0.078, 0.096, 0.095, 0.061, 0.152, 0.104, 0.103, 0.129, 0.126, 0.081).$$

Marx-Sraffa 模型の操業水準側の定常状態を決定するのは,λ_1 と z^1 の組である.

数量体系の定常状態に於ける均衡生産数量の比率は $q^1 \equiv Bz^1$ によって与えられる.即ち,

---

[13] $\frac{p_2^2}{p_2^0} = (1-\psi(r,2))(1-\psi(r,3)) = 0.528 \times 0.704 = 0.372$ となる.減価償却率による中古固定資本価格の導出については,Kurz and Salvadori (1995, Chap.7) も見よ.

$$q^1 = {}^t\begin{pmatrix} 1.288 & 1.150 & 0.844 & 0.754 & 0.673 & 1.679 & 0.521 & 0.695 \end{pmatrix}$$

となる.

この生産数量比率の最初の 2 要素の組 (種類 1 の固定資本の年齢別生産数量比率), 及び 3 番目から 5 番目までの 3 要素の組 (種類 2 の固定資本の年齢別生産数量比率) は, この体系の拡大率 (' 成長率 +1') を公比とする等比数列になっている. つまり,

$$(3.37) \qquad \frac{q^1_1}{q^1_2} = \frac{q^1_3}{q^1_4} = \frac{q^1_4}{q^1_5} = \frac{1}{\lambda_1} = 1.12008.$$

これは, 年齢別種類別の固定資本の生産数量が斉一成長率で増加している事を意味している.

3.4.2 Marx-Sraffa 動学均衡の不安定性

生産価格体系の動学

Marx-Sraffa の生産価格動学モデルの基礎方程式は,

$$p(t+1)B = (1+r)p(t)M$$

である為, 正規形で,

$$(3.38) \qquad p(t+1) = (1+r)p(t)MB^+$$

と表される. $C = MB^+$ の固有値と左固有ベクトルの組が既に計算してあるから, これを用いて生産価格の時系列を追跡する事が可能になる.

上の数値例で判明するように, C の正の固有値は絶対値最大のものではない為, 均衡を決定する固有値 λ_1 とそれに随伴する左固有ベクトル p^1 は支配的ではない. 初期値が p^1 と一致しない限り, 遅かれ早かれ, 負の価格比率が現われる. 初期値を $p(0) = \begin{pmatrix} 1 & 0.5 & 1.478 & 0.985 & 0.493 & 1.156 & 1.156 & 1.978 \end{pmatrix}$, $r = \frac{1}{\lambda_1} - 1$ として反復計算を 10 期迄実行すると, 以下の表 3.2 のような

表 3.2　Marx-Sraffa 模型での生産価格時系列

期	1	2	3	4	5	6	7	8	9	10
p_1^0	0.968	0.995	0.987	0.993	0.951	1.053	0.912	1.044	0.932	1.095
p_1^1	0.560	0.457	0.603	0.430	0.630	0.360	0.776	0.152	0.998	**-0.075**
p_2^0	1.446	1.462	1.450	1.485	1.406	1.520	1.399	1.517	1.360	1.637
p_2^1	1.103	1.002	0.945	1.142	1.016	0.866	1.222	1.019	0.780	1.274
p_2^2	0.552	0.618	0.430	0.577	0.633	0.429	0.490	0.820	0.222	0.625
p_3	1.113	1.149	1.162	1.117	1.120	1.219	1.053	1.169	1.172	1.146
p_4	1.116	1.151	1.146	1.140	1.102	1.222	1.049	1.201	1.098	1.242
p_5	1.924	1.958	1.964	1.953	1.899	2.051	1.853	2.005	1.914	2.077

結果を得る.[14]

表 3.2 から，初期値 $p(0)$ から出発し 10 期になると，種類 1 の 1 歳固定資本の価格 p_1^1 が負の値になってしまう事が判る．C の非負性が保証されないが故に，負の生産価格になり得る事は，上の数値計算の例で観る事が出来る．

数量体系の動学

Marx-Sraffa の数量体系の動学的基礎方程式は，$Bx(t) = Mx(t+1)$ で表され，これを正規形で表現すると，

$$(3.39) \qquad x(t+1) = M^+ Bx(t)$$

となる.

非負の固有ベクトルに対応する M^+B の正の実固有値が絶対値最大ではない為，動学過程を支配していない．これ故，任意の初期値から出発して，耐用年数以内に負の操業水準，或は負の産出量が現われる．例えば，操業水準

---

[14] 初期値を設定する際，固定資本の価格比部分は定額償却法による計算であり，且種類 2 の新品固定資本と種類 1 の新品固定資本との価格比率を均衡比率 p^1 に於ける $\frac{p_3^1}{p_1^1}$ とし，他方，原材料，消費財 1 及び消費財 2 の価格比率をそれぞれ均衡比率 p^1 に於ける $\frac{p_6^1}{p_1^1}$，$\frac{p_7^1}{p_1^1}$ 及び $\frac{p_8^1}{p_1^1}$ であるとした．即ち，

$$p(0) = \begin{pmatrix} 1 & \frac{1}{2} & 1 \cdot \frac{p_3^1}{p_1^1} & \frac{2}{3} \cdot \frac{p_3^1}{p_1^1} & \frac{1}{3} \cdot \frac{p_3^1}{p_1^1} & \frac{p_6^1}{p_1^1} & \frac{p_7^1}{p_1^1} & \frac{p_8^1}{p_1^1} \end{pmatrix}$$

として初期値を設定した．

の初期値 $x(0)$ を均衡比率 z^1 に設定し，各期に於ける生産数量 $q(t) = Bx(t)$ を求める．数値計算の結果を以下の表で示す．

表 3.3 Marx-Sraffa 模型での生産数量時系列

期	0	1	2	3	4	5
q_1^0	1.288	1.210	-0.541	-9.051	-176.578	$\cdots$
q_1^1	1.150	1.288	1.210	-0.541	-9.051	$\cdots$
q_2^0	0.844	1.056	-0.460	17.260	-347.093	$\cdots$
q_2^1	0.754	0.844	1.056	-0.460	17.260	$\cdots$
q_2^2	0.673	0.754	0.844	1.056	-0.460	$\cdots$
q_3	1.679	1.934	1.366	19.350	-301.242	$\cdots$
q_4	0.521	0.753	1.000	-28.220	276.926	$\cdots$
q_5	0.695	0.684	3.360	2.642	359.006	$\cdots$

表 3.3 に示された様に，経済的に意味のある固有値 λ は支配的でない故に，初期値を均衡値の近似値にしても，かなり早い段階で負の産出量が見られ，その不安定性が強く出ている事が判る．

これより，Marx-Sraffa 模型では，生産価格均衡も数量均衡も不安定である事が判明する．

3.5 数値計算例：より一般的な結合生産の場合

3.5.1 Marx-Sraffa 模型の数値計算例

諸数値の設定

経済に於ける消費財を 1 種類のみとする．投入係数行列 A，賃金財の束 f，労働投入ベクトル及び L 産出行列 B を以下の通りに設定する．

$$A = \begin{pmatrix} 0.12 & 0 & 0.16 & 0.2 & 0 & 0.6 \\ 0 & 0.36 & 0 & 0.7 & 0.24 & 0.5 \\ 0.08 & 0 & 0.2 & 0 & 0.8 & 0 \\ 0 & 0 & 0 & 0 & 0 & 0 \end{pmatrix},$$

$$L = \begin{pmatrix} 0.16 & 0.12 & 0.12 & 0.3 & 0.16 & 0.1 \end{pmatrix}, \quad f = {}^t\begin{pmatrix} 0 & 0 & 0 & 1 \end{pmatrix},$$

$$B = \begin{pmatrix} 0.15 & 0.05 & 0.05 & 0 & 0.6 & 0.1 \\ 0 & 0.3 & 0 & 1 & 0.1 & 0.4 \\ 0.25 & 0 & 0.15 & 0.1 & 0.8 & 0 \\ 0.05 & 0.25 & 0.4 & 0.4 & 0 & 1 \end{pmatrix}.$$

従前通り，拡大投入係数行列 M は $M = A + fL$ として求められる．

数値例 1：Marx-Sraffa 型生産価格均衡

$C = MB^+$ は，

$$C = \begin{pmatrix} -0.104 & -0.059 & 0.101 & 0.581 \\ 1.348 & 0.755 & -0.804 & 0.080 \\ 0.281 & -0.089 & 0.756 & 0.027 \\ -0.725 & 0.193 & 0.748 & 0.112 \end{pmatrix}$$

となる．その固有方程式は，

$$\lambda^4 - 1.518\lambda^3 + 0.937\lambda^2 - 0.912\lambda + 0.498 = 0$$

であるから，C の固有値は次のようになる．

$\lambda_1 = 0.8, \lambda_2 = 0.989, \lambda_3 = -0.135 + 0.782i, \lambda_4 = -0.135 - 0.782i.$

C の固有値 $\lambda_1, \lambda_2, \lambda_3, \lambda_4$ に対応する固有ベクトルを記述すると，次の通りである．

$$p^1 = \begin{pmatrix} 1 & 1 & 1 & 1 \end{pmatrix},$$
$$p^2 = \begin{pmatrix} 0.179 & 0.399 & -0.890 & 0.127 \end{pmatrix},$$

$$p^3 = \begin{pmatrix} 0.752 & -0.038+0.105i & -0.258+0.290i & -0.138-0.503i \end{pmatrix},$$
$$p^4 = \begin{pmatrix} 0.752 & -0.038-0.105i & -0.258-0.290i & -0.138+0.503i \end{pmatrix}.$$

それ故, 均等利潤率は,

(3.40) $$r = \frac{1}{\lambda_1} - 1 = 0.25$$

で求められる. 正の実固有値である λ_1 に随伴する p^1 が生産価格の均衡比率である. C は非負行列ではないが, 経済的に意味を有する正の固有値とそれに随伴する左固有ベクトルが存在する.

数値例 2：Marx-Sraffa 型数量体系の定常状態

$D = B^+ M$ は,

$$D = \begin{pmatrix} -0.062 & -0.060 & 0.067 & -0.521 & 1.473 & -1.363 \\ 0.152 & 0.130 & 0.012 & 0.852 & -1.742 & 2.036 \\ -0.178 & -0.169 & 0.074 & -1.412 & 3.458 & -3.760 \\ -0.168 & 0.305 & -0.071 & 0.158 & 1.351 & -0.833 \\ 0.174 & 0.012 & 0.224 & 0.408 & -0.278 & 1.235 \\ 0.264 & 0.036 & 0.112 & 0.615 & -1.402 & 1.496 \end{pmatrix}$$

となる. その固有方程式は,

$$\lambda^2(\lambda^4 - 1.518\lambda^3 + 0.937\lambda^2 - 0.912\lambda + 0.498) = 0$$

となり, D の固有値は, 上で求めた C の固有値 $\lambda_1, \cdots, \lambda_4$ に重根 0 を加えたものである.

D の固有値に随伴する右固有ベクトルは, 以下の通りである.

$$z^1 = {}^t\begin{pmatrix} 0.227 & 0.047 & 0.278 & 0.820 & 0.442 & 0.032 \end{pmatrix}$$
$$z^2 = {}^t\begin{pmatrix} -0.336 & 0.411 & -0.825 & 0.136 & -0.009 & 0.139 \end{pmatrix}$$

$$z^3 = {}^t(-0.252 - 0.032i, 0.353 + 0.045i, -0.686,$$
$$-0.309 - 0.233i, 0.231 - 0.003i, 0.287 + 0.227i)$$
$$z^4 = {}^t(-0.252 + 0.032i, 0.353 - 0.045i, -0.686,$$
$$-0.309 + 0.233i, 0.231 + 0.003i, 0.287 - 0.227i)$$
$$z^5 = {}^t\begin{pmatrix} -0.487 & -0.648 & 0.345 & 0.449 & -0.038 & -0.144 \end{pmatrix}$$
$$z^6 = {}^t\begin{pmatrix} 0.127 & -0.778 & -0.468 & 0.385 & 0.104 & -0.029 \end{pmatrix}$$

D は必ずしも非負行列ではないが,正の固有値 λ_1,それに随伴する正の右固有ベクトル z^1 が存在する.Marx-Sraffa 模型の操業水準側の定常状態を決定するのは,λ_1 と z^1 の組である.

前節同様,非基礎財不存在故,斉一成長率 g と均等利潤率 r は一致する.

数量体系の定常状態に於ける比率は Bz^1 である.即ち,

$$q^1 \equiv Bz^1 = {}^t\begin{pmatrix} 0.319 & 0.891 & 0.534 & 0.494 \end{pmatrix}.$$

これ等も経済的に意味のあるものに取られている.

3.5.2 Marx-Sraffa 動学均衡の不安定性

生産価格体系の動学

前節と同様,既に計算してある $C = MB^+$ の固有値並びに左固有ベクトルの組と,正規形で表される Marx-Sraffa の生産価格動学模型の基礎方程式 (3.38) とを用いて,生産価格の時系列を追跡する事が可能である.

上の数値例で判明するように,C の正の固有値は絶対値最大のものではない為,均衡を決定する固有値 λ_1 とそれに随伴する左固有ベクトル p^1 は支配的ではない.初期値が何であれ,早晩,負の価格比率が現われ得る.

例えば,初期値を $p(0) = \begin{pmatrix} 1 & 2 & 1 & 2 \end{pmatrix}$,$r = \frac{1}{\lambda_1} - 1$ として反復計算を 10 期迄実行すると,以下の表のような結果を得る.

表 3.4 から,初期値 $p(0)$ から出発し 3 期になると,p_3 が負の値になってし

表 3.4　Marx-Sraffa 模型での生産価格時系列

期	1	2	3	4	5	6	7	8	9	10
p_1	1.423	1.699	0.874	0.534	0.834	0.717	0.360	0.369	0.462	0.327
p_2	1.748	1.361	1.135	1.047	0.898	0.740	0.672	0.625	0.547	0.489
p_3	0.744	0.041	**-0.071**	0.034	**-0.214**	**-0.443**	**-0.405**	**-0.412**	**-0.544**	**-0.588**
p_4	0.992	1.098	1.220	0.733	0.477	0.604	0.532	0.311	0.288	0.330

まう事が判る. C の非負性が保証されない故に, 負の生産価格になり得る事は, 上の数値計算の例で観る事が出来る.

数量体系の動学

Marx-Sraffa の数量体系の動学模型の基礎方程式 (3.39) より, 非負の固有ベクトルに対応する M^+B の正の実固有値が絶対値最大ではない為, 動学過程を支配していない. これ故, 任意の初期値から出発する場合, 遅かれ早かれ負の操業水準, 或は負の産出量が現われる. 例えば, 操業水準の初期値を $x(0) = {}^t\begin{pmatrix} 1 & 1 & 1 & 1 & 1 & 1 \end{pmatrix}$ に設定し, 各期に於ける操業水準 $x(t)$ を求める. 数値計算の結果を以下の表で示す.

表 3.5　Marx-Sraffa 模型での操業水準時系列

期	1	2	3	4	5	6	7	8	9	10
x_1	4.915	1.307	2.610	6.609	6.460	8.103	12.69	15.96	20.28	27.65
x_2	0.492	1.065	0.589	0.431	0.645	0.238	**-0.287**	**-0.684**	**-1.573**	**-2.910**
x_3	3.252	1.095	2.273	4.928	5.105	6.679	10.12	12.91	16.70	22.70
x_4	3.149	2.410	2.486	4.066	4.373	4.701	6.121	7.147	8.029	9.634
x_5	0.321	2.455	2.541	2.201	3.776	4.819	5.391	7.197	9.294	11.33
x_6	**-1.316**	0.285	1.053	**-0.384**	0.125	0.923	0.297	0.417	1.088	1.014

表3.5に示された様に, 経済的に意味のある固有値 λ は支配的でない故に, かなり早い段階で負の操業水準が出現し, その不安定性が強く出ている事が見られる.

3.6 結

　本章では，華羅庚の問題意識を継承し，一般的な結合生産体系の均衡とその安定性を固有値問題の視点から分析した．矩形行列の方程式体系で定義される均衡を正方行列の固有値問題に転換する際，階数条件のみを仮定し，Moore-Penrose の擬似逆行列を応用して，Marx-Sraffa 生産価格方程式を固有値問題として定式化した．Marx-Sraffa 均衡の探索は，固有値問題に帰着される．

　本章の擬似逆行列を応用して固有値問題に変換する手法は一般的な結合生産体系であっても，等式で考えられる限り，その分析に応用出来る．この意味では，擬似逆行列の応用が極めて有効なものである．

　Moore-Penrose の擬似逆行列を応用する手法では，全商品の生産価格や均等利潤率の決定は同時であるが，その正方行列は必ずしも非負行列ではないので，均衡状態を決定する固有値は支配的ではない．故に，Marx-Sraffa 模型で見る限り，生産価格均衡も数量均衡も不安定になり得る．

　操業水準均衡は，価格均衡と両立し得る場合に限定しても，成長率因子と利潤率因子と一致する事が云えるだけである．操業水準は固有値問題で全て求められる事はないが，数値計算上の工夫が可能である．

　本章では，更に数値例を使用して，以上の理論的結果を検討した．数値例は生産価格均衡が不安定である事の一つの例示になっている．又，操業水準に就いても，意味のある価格均衡に対応する操業水準を計算で求め得る事を示した．

第 4 章
固定資本の経済的耐用年数[*]

4.1 序

　固定資本の特徴は，使用に応じて減価していく点で，減価した分が商品生産物の費用の一部を構成する事で，固定資本の投資額が回収される．

　経済学で固定資本を取り扱う場合には，従来，固定資本の物理的耐用年数が先に決定されており，耐用年数が尽きるまで固定資本の能率は不変で，そのまま使用され続けると，考えられて来た．このような方向性で固定資本を議論したものは，Sraffa (1960) 以降，置塩・中谷 (1975)，Abraham-Frois and Berrebi (1979)，Fujimori (1982)，Schefold (1989, 1997)，中谷 (1994)，Kurz and Salvadori (1995)，李・藤森 (2009) 等がある．

　これ以外に考えられる場合として，固定資本の性能や能率が使用に応じて低下するのでその分減価償却が行なわれる，と云う考え方がある．この場合には，能率の低下した旧い固定資本を使用しても要求利潤率が達成出来ない時点で，該当の固定資本は廃棄される事になり，謂わば利潤率に応じてその経済的な耐用年数が決定される事になる．

　本章の課題は，上記のような，固定資本の能率が使用に応じて低下する場合の経済的耐用年数の決定を数値例を応用して分析する事にある．

---

[*] 本章は，Li (2010)，Li (2011a) に一部加筆，修正を加えたものである．

4.2 基本モデル

固定資本1種類,消費財1種類から構成される経済を想定する.設備を n 年使用計画とし,その能率が毎年 α の割合で下がる(新品財産出量の減少)と仮定する. $0 < \alpha < 1$ とする.

k_i を財 i への固定資本投入, l_i を財 i への労働投入, f を実質賃金率とする.投入産出関係は置塩・中谷 (1975) に従い 表 4.1 の通りに表される.

表 4.1 固定資本の基本的生産構造 $(i = 1)$

生産工程	投入				産出			
	1	2	$\cdots$	$n-1$	n	1	2	$\cdots$	$n-1$	n
0 歳	k_1					1	α	$\cdots$	α^{n-2}	α^{n-1}
1 歳		k_1				k_1				
2 歳			k_1				k_1			
$\vdots$				$\ddots$				$\ddots$		
$(n-1)$ 歳					k_1				k_1	0
労働	fl_1	fl_1	$\cdots$	fl_1	fl_1	0	0	$\cdots$	0	0

投入行列 A,労働投入ベクトル L,賃金財束 F,産出行列 B は各々次のように表される.

$$A = \begin{pmatrix} k_1 & & & & k_2 & & & \\ & k_1 & & & & k_2 & & \\ & & \ddots & & & & \ddots & \\ & & & k_1 & & & & k_2 \\ 0 & 0 & \cdots & 0 & 0 & 0 & \cdots & 0 \end{pmatrix},$$

$$L = \begin{pmatrix} l_1 & l_1 & \cdots & l_1 & l_2 & l_2 & \cdots & l_2 \end{pmatrix},$$
$$F = {}^t\begin{pmatrix} 0 & 0 & \cdots & 0 & f \end{pmatrix},$$

$$B = \begin{pmatrix} 1 & \alpha & \cdots & \alpha^{n-1} & 0 & \cdots & 0 & 0 \\ k_1 & & & & k_2 & & & \\ & \ddots & & & & \ddots & & \\ & & k_1 & & & & k_2 & \\ 0 & \cdots & 0 & 0 & 1 & \alpha & \cdots & \alpha^{n-1} \end{pmatrix}.$$

経済全体に於ける均等利潤率を r として，賃金率 $w = pF$ を最大化するような線型計画問題は次の通りである．[1]

(4.1) $\qquad \max\{pF \mid \frac{1}{1+r}pB \leqq pA + L,\ p \geqq \mathbf{0}\}.$

経済全体に於ける斉一成長率を g，生産工程の操業水準を x とする．$g = r$ の時に，標準最大化問題 (4.1) の双対問題は次のようになる．

(4.2) $\qquad \min\{Lx \mid \frac{1}{1+g}Bx \geqq Ax + F,\ x \geqq \mathbf{0}\}.$

この双対問題は労働投入を最小化するものである．

4.3　経済的耐用年数の決定に於ける模擬計算

4.3.1　諸数値の設定

先ず，$f = 1$ に固定して実質賃金率を基準化する．投入行列 A，労働投入ベクトル L，産出行列 B は以下の通りに設定する．

$$A = \begin{pmatrix} 0.80 & & & & 0.70 & & & \\ & 0.80 & & & & 0.70 & & \\ & & \ddots & & & & \ddots & \\ & & & 0.80 & & & & 0.70 \\ 0 & 0 & \cdots & 0 & 0 & 0 & \cdots & 0 \end{pmatrix},$$

---

[1] 当該線型計画模型に関する詳しい議論は，Fujimoto (1975), Fujimori (1992b) 等を参照せよ．

$$L = \begin{pmatrix} 0.25 & 0.25 & \cdots & 0.25 & 0.35 & 0.35 & \cdots & 0.35 \end{pmatrix},$$

$$B = \begin{pmatrix} 1 & \alpha & \cdots & \alpha^{n-1} & 0 & \cdots & 0 & 0 \\ 0.80 & & & & 0.70 & & & \\ & \ddots & & & & \ddots & & \\ & & 0.80 & & & & 0.70 & \\ 0 & \cdots & 0 & 0 & 1 & \alpha & \cdots & \alpha^{n-1} \end{pmatrix},$$

但し，n は適当な大きな正の整数である．

4.3.2 標準最大化問題と生産価格比率

最初に α を固定する．次に，r を与えて線型計画問題 (4.1) を解く．最適解 x^i を見ると，操業されない工程の水準が 0 で与えられている．これから，固定資本が何歳で使用されなくなるか，判定出来る．r を変化させると，τ も変化する．即ち，r に応じて固定資本の耐用年数 τ が決定される．ここで，例えば所与の条件

(4.3) $\qquad \alpha = 0.90, r = 0.20, n = 20$

の下で，標準最大化問題 (4.1) を解くと，生産価格比率 p は，

(4.4) $p = \begin{pmatrix} 0.487 & 0.298 & 0.160 & 0.074 & 0.020 & 0 & \cdots & 0 & 0.620 \end{pmatrix}$
(4.5) $\quad \propto \begin{pmatrix} 1 & 0.612 & 0.328 & 0.152 & 0.041 & 0 & \cdots & 0 & 1.274 \end{pmatrix}$

として求められる．これより，内生的に決定された固定資本の経済的耐用年数 $\tau = 5$ 年である事が判る．その最適解によって求められた最大賃金率 w_{max} は次の通りである．

(4.6) $\qquad w_{max} = pF = 0.620,$

従って，新品固定資本財の価格 p^0 で評価する場合，実質賃金率 f^* は以下の

ように求められる.

$$(4.7) \qquad f^* = \frac{w_{max}}{p^0} = \frac{0.620}{0.487} = 1.274.$$

固定資本の経済的耐用年数の内生的決定に関する模擬計算の結果をまとめると, 表 4.2 を得る.

表 **4.2** 可変能率固定資本の耐用年数の経済的決定

r	$\alpha = 0.95$		$\alpha = 0.90$		$\alpha = 0.85$		$\alpha = 0.80$		$\alpha = 0.75$	
	f^*	τ	f^*	τ	f^*	τ	f^*	τ	f^*	τ
0.00	1.389	5	1.326	4	1.316	3	1.253	3	1.253	3
0.05	1.368	5	1.314	4	1.309	3	1.239	3	1.239	3
0.10	1.365	6	1.300	4	1.286	3	1.224	3	1.225	3
0.15	1.343	6	1.288	5	1.257	4	1.209	4	1.209	3
0.20	1.304	7	1.274	5	1.205	4	1.196	4	1.192	3
0.25	1.290	8	1.260	5	1.192	5	1.182	4	1.159	3
0.30	1.275	9	1.245	6	1.178	5	1.167	4	1.157	4
0.35	1.232	10	1.195	6	1.164	5	1.151	4	1.061	4
0.40	1.216	11	1.167	7	1.149	6	1.135	5	1.049	4
0.45	1.198	12	1.152	8	1.133	6	1.060	5	1.036	5
0.50	1.159	13	1.136	8	1.117	6	1.046	6	1.024	5
0.55	1.141	15	1.119	9	1.059	7	1.033	6	1.011	5
0.60	1.123	16	1.073	10	1.044	7	1.019	6	0.997	6
0.65	1.104	18	1.057	11	1.029	8	1.005	7	0.983	6
0.70	1.071	20	1.040	11	1.014	9	0.990	7	0.969	6
0.75	1.052	22	1.023	13	0.998	9	0.975	8	0.954	7
0.80	1.033	24	1.006	14	0.981	10	0.959	9	0.939	8
0.85	1.014	26	0.988	15	0.964	11	0.943	10	0.924	9
0.90	0.994	29	0.970	17	0.947	13	0.927	11	0.908	10
0.95	0.975	33	0.951	19	0.929	14	0.910	13	0.892	13

利潤率 r, 固定資本の能率 α, 経済的耐用年数 τ の間の関係を 3 次元で示すと図 4.1 を得る.

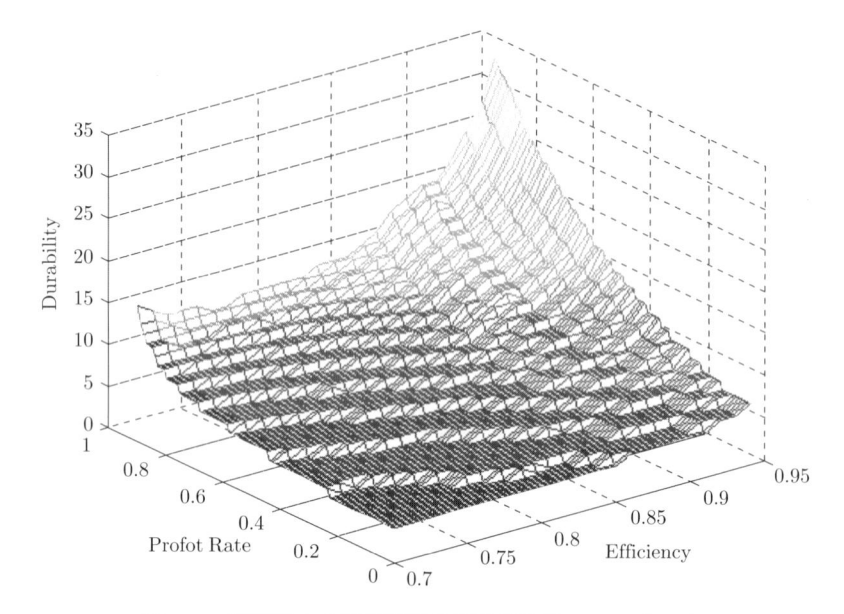

図 **4.1** 固定資本の耐用年数の経済的決定：$\tau = \tau(\alpha, r)$

4.3.3 双対問題と生産工程の操業水準

同様に，条件 (4.3) の下で，双対問題 (4.2) を解くと，併存する 2 つの生産工程に於ける操業水準

(4.8)
$$x = {}^t(0 \quad 0 \quad 0.137 \quad 0.291 \quad 0.242 \quad 0$$
$$\cdots \quad 0 \quad 0.574 \quad 0.478 \quad 0.241 \quad 0 \quad \cdots \quad 0)$$

が求められる．(4.8) より，固定資本財の生産工程に於いては，2 歳，3 歳，4 歳の固定資本の操業，消費財の生産工程に関しては，0 歳新品，1 歳，2 歳の固定資本の操業が確認出来る．これは，生産価格比率を示す (4.4) とは，整合的である．勿論，この時の最適解 u は標準最大化問題のものと一致して，

(4.9)
$$u_{min} = Lx = 0.620 (= w_{max}).$$

産出量比率 $q = Bx$ は，

$$q = {}^t\begin{pmatrix} 0.482 & 0.402 & 0.335 & 0.279 & 0.233 & 0.194 & 0 & \cdots & 0 & 1.2 \end{pmatrix}$$
$$\propto {}^t\begin{pmatrix} 1 & 0.833 & 0.694 & 0.579 & 0.482 & 0.402 & 0 & \cdots & 0 & 2.489 \end{pmatrix}$$

となる.

4.4 固定資本の焼入効果に於ける模擬計算

4.4.1 諸数値の設定

固定資本の能率 α はその年齢に応じて以下の様に変化するものとする. 0歳新品, 1, 2, $\cdots$ 歳の中古固定資本の能率は各々,

(4.10) $\qquad \alpha = 1, \beta, \beta, 1, 0.95, 0.9, 0.85, 0.8, 0.75, 0.7, 0.65, \cdots$

の通りに設定する（図 4.2 参照）.

ここで, 完全な新品より 1 歳, 2 歳の中古固定資本の方が能率が高い事を焼入効果と云う. かくして, この場合に於ける産出行列 B は, 次のように表

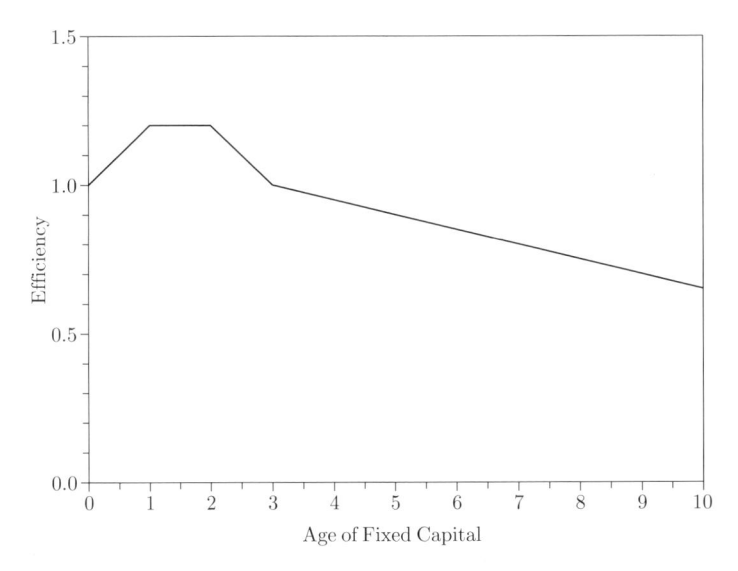

図 **4.2** 固定資本年齢と能率との関係（焼入効果）

される.

(4.11)
$$B = \begin{pmatrix} 1 & \beta & \beta & 1 & 0.95 & \cdots & 0 & 0 & 0 & \cdots & \cdots & 0 \\ 0.80 & & & & & & 0.70 & & & & & \\ & 0.80 & & & & & & 0.70 & & & & \\ & & 0.80 & & & & & & 0.70 & & & \\ & & & \ddots & & & & & & \ddots & & \\ & & & & \ddots & & & & & & \ddots & \\ 0 & 0 & 0 & \cdots & \cdots & 0 & 1 & \beta & \beta & 1 & 0.95 & \cdots \end{pmatrix},$$

但し, $\beta > 1$ は 1 歳, 2 歳の中古固定資本の能率を示す.

4.4.2 生産価格比率と生産工程の操業水準比率

(4.10) による固定資本能率 α 及び

(4.12) $\qquad\qquad \beta = 1.20, \ r = 0.20, \ n = 20$

の下で, 線型計画の標準最大化問題 (4.1) とその双対問題 (4.2) を解く. 生産価格比率 p は,

$$\begin{aligned} p &= \begin{pmatrix} 0.349 & 0.358 & 0.235 & 0.089 & 0.045 & 0.015 & 0 & \cdots & 0 & 0.463 \end{pmatrix} \\ &\propto \begin{pmatrix} 1 & 1.024 & 0.674 & 0.255 & 0.130 & 0.042 & 0 & \cdots & 0 & 1.326 \end{pmatrix} \end{aligned}$$

である. 従って, この時内生的に決定された固定資本の耐用年数は $\tau = 6$ 年である事が判る. その最適解 w_{max} は次の通りである.

(4.13) $\qquad\qquad w_{max} = pF = 0.463.$

(4.13) は, 1 歳の中古固定資本価格は 0 歳の完全な新品の価格よりも評価が

高い，と云う中古固定資本の特異性を示している．[2] この時の実質賃金率 f^{**} は次の通りである．

(4.14) $$f^{**} = \frac{w_{max}}{p^0} = \frac{0.463}{0.349} = 1.326.$$

他方，生産工程の操業水準 x は，

$$x = {}^t(0, 0, 0, 0.045, 0.155, 0.129, 0, \cdots, 0,$$

表 4.3　固定資本の焼入効果に於ける耐用年数の経済的決定

r	$\beta=1.05$ f^{**}	τ	$\beta=1.10$ f^{**}	τ	$\beta=1.15$ f^{**}	τ	$\beta=1.20$ f^{**}	τ	$\beta=1.25$ f^{**}	τ
0.00	1.386	5	1.381	5	1.400	4	1.378	4	1.400	3
0.05	1.354	6	1.369	6	1.348	5	1.365	5	1.385	4
0.10	1.351	6	1.357	6	1.370	5	1.352	5	1.370	5
0.15	1.329	7	1.344	7	1.361	6	1.363	5	1.357	5
0.20	1.315	8	1.330	7	1.342	6	1.326	6	1.342	6
0.25	1.301	8	1.316	8	1.297	7	1.312	7	1.328	6
0.30	1.255	9	1.269	8	1.283	8	1.297	7	1.313	7
0.35	1.240	10	1.253	9	1.267	9	1.282	8	1.297	7
0.40	1.223	10	1.237	10	1.251	9	1.266	9	1.281	8
0.45	1.206	11	1.220	10	1.234	10	1.248	9	1.263	9
0.50	1.188	12	1.202	11	1.216	11	1.230	10	1.245	9
0.55	1.170	12	1.183	12	1.197	11	1.212	11	1.226	10
0.60	1.151	13	1.164	12	1.178	12	1.192	11	1.207	11
0.65	1.131	14	1.144	13	1.158	13	1.172	12	1.186	12
0.70	1.111	15	1.124	14	1.138	13	1.152	13	1.166	12
0.75	1.091	15	1.104	15	1.117	14	1.131	14	1.145	13
0.80	1.059	16	1.060	16	1.061	15	1.061	15	1.062	15
0.85	1.040	17	1.042	17	1.043	16	1.044	16	1.046	15
0.90	1.020	18	1.023	17	1.025	17	1.027	17	1.029	16
0.95	1.001	18	1.004	18	1.007	18	1.010	17	1.013	17

---

[2] 利潤率 $r=0.20$ として，1歳，2歳の固定資本能率を各々 $\beta=1.05, 1.10, 1.15, 1.20, 1.25$ に設定すると，上述の計算から得られた1歳中古固定資本価格 $p^1=0.914, 0.947, 0.983, 1.024, 1.063$ となる．β が上昇する程1歳の中古固定資本価格の評価がより高くなる傾向にあると云える．

$$0.367,\ 0.306,\ 0.255,\ 0.161,\ 0,\ \cdots,\ 0)$$

である.勿論,この時の双対問題の最適解 u も標準最大化問題のものと一致して,

$$u_{min} = Lx = 0.463$$

となる.産出量比率 $q = Bx$ は以下のように求められる.

$$\begin{aligned}
q &= {}^t\begin{pmatrix} 0.308 & 0.257 & 0.214 & 0.178 & 0.149 & 1.238 & 0.103 & 0 & \cdots & 0 & 1.2 \end{pmatrix} \\
&\propto {}^t\begin{pmatrix} 1 & 0.833 & 0.694 & 0.579 & 0.482 & 0.402 & 0.335 & 0 & \cdots & 0 & 3.895 \end{pmatrix}
\end{aligned}$$

焼入効果と固定資本の経済的耐用年数の内生的決定に関する模擬計算の結果をまとめると,表 4.3 を得る.

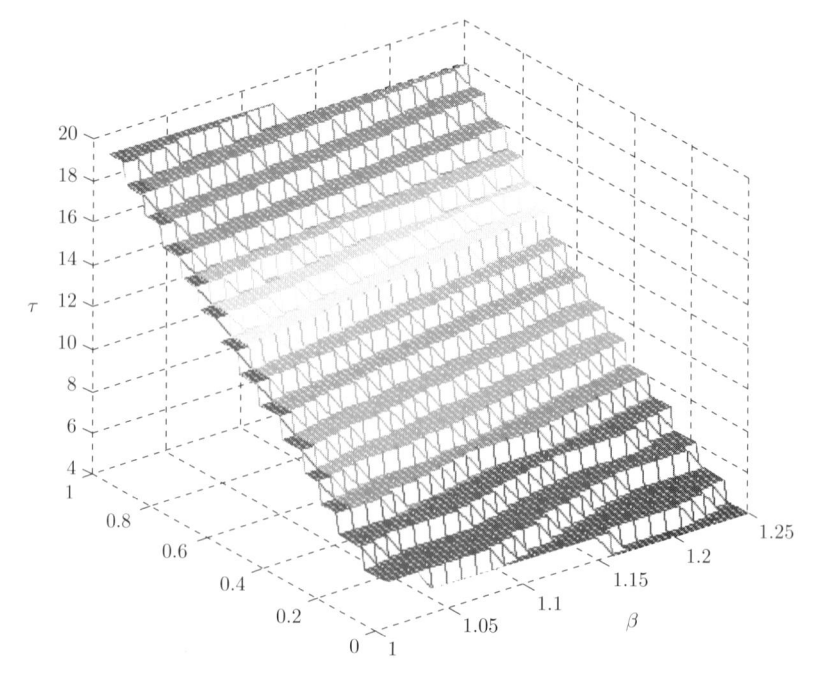

図 **4.3** 固定資本の耐用年数の経済的決定:$\tau = \tau(\beta, r)$

利潤率 r, 1 歳, 2 歳の中古固定資本の能率 β, 経済的耐用年数 τ の間の関係を 3 次元で示すと図 4.3 を得る．

4.5 物理的耐用年数に於ける模擬計算

前述の通り，所与条件 (4.3) の下で，標準最大化問題 (4.1) 及びその双対問題 (4.2) を解くと，経済的耐用年数 $\tau = 5$, (4.4) の生産価格 p, (4.8) の生産工程に於ける操業水準 x が各々決定された．ここで，産出行列 B, 投入行列 A から操業されない生産工程を除いたものを，各々 $\bar{B}$, $\bar{A}$ とする．

$$\bar{B} = \begin{pmatrix} 1 & \cdots & 1 & 1 & 0 & \cdots & 0 & 0 \\ 0.80 & & & & 0.70 & & & \\ & \ddots & & & & \ddots & & \\ & & 0.80 & & & & 0.70 & \\ 0 & \cdots & 0 & 0 & 1 & \cdots & 1 & 1 \end{pmatrix}.$$

この時に対応する労働投入ベクトル，賃金財束を各々 $\bar{L}$, $\bar{F}$ とする．

所与の条件

$$\alpha = 1, r = 0.20, n = \tau = 5$$

の下で，同様に，標準最大化問題 (4.1) 及びその双対問題 (4.2) を解く．[3] 物理的耐用年数に於ける生産価格 $\bar{p}$ は

(4.15) $\quad \bar{p} = \begin{pmatrix} 0.410 & 0.355 & 0.289 & 0.209 & 0.114 & 0.516 \end{pmatrix}$

(4.16) $\quad\quad \propto \begin{pmatrix} 1 & 0.866 & 0.704 & 0.511 & 0.279 & 1.260 \end{pmatrix}$

となる．従って，最大賃金率 $\bar{w}_{max} = \bar{p}\bar{F} = 0.516$ より，この時の実質賃金率 $\bar{f}$ は次のように求められる．

(4.17) $\quad\quad\quad \bar{f} = \dfrac{\bar{w}_{max}}{\bar{p}^0} = \dfrac{0.516}{0.410} = 1.260.$

---

[3] この場合の固定資本の能率は不変で，その物理的耐用年数が τ 年となる．

他方,生産工程に於ける操業水準 $\bar{x}$ は,

$$\bar{x} = {}^t\begin{pmatrix} 0.051 & 0.333 & 0 & 0 & 0 & 0.399 & 0 & 0.317 & 0.264 & 0.220 \end{pmatrix}$$

となり,産出量比率は $\bar{q} = \bar{B}\bar{x}$ によって求められる.

$$\begin{aligned} \bar{q} &= {}^t\begin{pmatrix} 0.383 & 0.320 & 0.266 & 0.222 & 0.185 & 1.2 \end{pmatrix} \\ &\propto {}^t\begin{pmatrix} 1 & 0.833 & 0.694 & 0.579 & 0.482 & 3.129 \end{pmatrix}. \end{aligned}$$

明らかに,固定資本を生産する工程では,0歳新品,1歳の固定資本,消費財を生産する工程では,0歳新品,2歳,3歳,4歳の固定資本が操業されて

表 4.4 固定資本の物理的耐用年数に於ける実質賃金率 $\bar{f}$ の決定

r	$\bar{f}$	τ	$\bar{f}$	τ	$\bar{f}$	τ	$\bar{f}$	τ	$\bar{f}$	τ
0.00	1.316	5	1.295	4	1.260	3	1.260	3	1.260	3
0.05	1.303	5	1.282	4	1.246	3	1.246	3	1.246	3
0.10	1.304	6	1.275	4	1.231	3	1.231	3	1.231	3
0.15	1.289	6	1.268	5	1.253	4	1.253	4	1.216	3
0.20	1.283	7	1.260	5	1.238	4	1.238	4	1.201	3
0.25	1.274	8	1.244	5	1.244	5	1.222	4	1.185	3
0.30	1.261	9	1.241	6	1.228	5	1.206	4	1.206	4
0.35	1.245	10	1.224	6	1.211	5	1.190	4	1.190	4
0.40	1.228	11	1.214	7	1.206	6	1.194	5	1.173	4
0.45	1.209	12	1.202	8	1.188	6	1.176	5	1.176	5
0.50	1.189	13	1.181	8	1.170	6	1.170	6	1.158	5
0.55	1.169	15	1.164	9	1.158	7	1.151	6	1.140	5
0.60	1.148	16	1.146	10	1.138	7	1.132	6	1.132	6
0.65	1.127	18	1.126	11	1.122	8	1.119	7	1.113	6
0.70	1.106	20	1.105	11	1.104	9	1.099	7	1.093	6
0.75	1.085	22	1.085	13	1.083	9	1.081	8	1.079	7
0.80	1.064	24	1.064	14	1.063	10	1.062	9	1.061	8
0.85	1.043	26	1.043	15	1.043	11	1.042	10	1.042	9
0.90	1.022	29	1.022	17	1.022	13	1.022	11	1.021	10
0.95	1.001	33	1.001	19	1.001	14	1.001	13	1.001	13

いる.

表 4.2 の経済的耐用年数 τ を固定資本の物理的耐用年数に,更にその能率を $\alpha = 1$ に固定して,線型計画問題 (4.1) を解く. 計算結果をまとめると,表 4.4 を得る.

4.6　Marx-Sraffa 模型に於ける模擬計算との比較

4.6.1　擬似逆行列の応用計算

Marx-Sraffa 模型に於ける生産価格体系及び数量体系の基本方程式は各々下記の通りに表される.

(4.18) $$pB = (1+r)pM,$$
(4.19) $$Bx = (1+g)Mx.$$

従前通り,$M = A + FL$ は拡大投入係数行列である.

Moore-Penrose の擬似逆行列を応用すると,(4.18) と (4.19) は各々次のようになる. 即ち,

(4.20) $$p = (1+r)pMB^+,$$
(4.21) $$x = (1+g)B^+Mx.$$

MB^+ と B^+M の正の実数固有値の中で最大のものを各々,λ_{MB^+},λ_{B^+M} とする. 経済的意味を有する均等利潤率 r と斉一成長率 g は以下の関係を満たす.
$$r = \frac{1}{\lambda_{MB^+}} - 1 = \frac{1}{\lambda_{B^+M}} - 1 = g.$$

ここで,所与の条件

(4.22) $$\alpha = 1, n = \tau = 5,$$

即ち,能率不変で物理的耐用年数 5 年の下で,(4.20) と (4.21) を解く. 経済

全体に於ける均等利潤率 r, 斉一成長率 g は,

$$r = g = 0.6247795$$

である．更に，生産価格比率 p は λ_{MB^+} に随伴する左固有ベクトルによって決定される．即ち,

$$p = \begin{pmatrix} 0.473 & 0.444 & 0.398 & 0.322 & 0.200 & 0.526 \end{pmatrix}$$
(4.23)
$$\propto \begin{pmatrix} 1 & 0.939 & 0.841 & 0.681 & 0.422 & 1.112 \end{pmatrix}.$$

他方，生産工程に於ける操業水準 x は λ_{B+M} に随伴する右固有ベクトルによって決められる．

$x = {}^t(0.586, 0.357, 0.216, 0.130, 0.076, 0.551, 0.331, 0.208, 0.132, 0.085)$
(4.24) $\propto {}^t(1, 0.610, 0.369, 0.221, 0.130, 0.906, 0.564, 0.354, 0.225, 0.145)$

p と r, x と g が同時決定される事になる．産出量 $q = Bx$ は次の通りである．

$$q = {}^t\begin{pmatrix} 1.366 & 0.841 & 0.517 & 0.318 & 0.196 & 1.286 \end{pmatrix},$$
(4.25)
$$\propto {}^t\begin{pmatrix} 1 & 0.615 & 0.379 & 0.233 & 0.143 & 0.942 \end{pmatrix}.$$

4.6.2 線型計画計算との比較

以下，所与の条件

(4.26) $\quad\quad\quad \alpha = 1, r = 0.6247795, n = \tau = 5,$

(4.27) $\quad\quad\quad \alpha = 1, g = 0.6247795, n = \tau = 5$

の下で，線型計画の標準最大化問題 (4.1) とその双対問題 (4.2) を解く．生産価格比率 p は,

$$p = \begin{pmatrix} 0.899 & 0.845 & 0.756 & 0.613 & 0.379 & 1 \end{pmatrix}$$

$$(4.28) \quad \propto \begin{pmatrix} 1 & 0.939 & 0.841 & 0.681 & 0.422 & 1.112 \end{pmatrix}$$

であり，生産工程の操業水準 x は，

$$x = {}^t\begin{pmatrix} 1.327 & 0.089 & 0 & 0.309 & 0 & 0 & 0.832 & 0.575 & 0 & 0.218 \end{pmatrix}$$
$$(4.29) \quad \propto {}^t\begin{pmatrix} 1 & 0.067 & 0 & 0.233 & 0 & 0 & 0.627 & 0.433 & 0 & 0.164 \end{pmatrix}$$

である．この場合の産出量 $q = Bx$ は，下記の通りである．

$$q = {}^t\begin{pmatrix} 1.725 & 1.062 & 0.654 & 0.402 & 0.248 & 1.625 \end{pmatrix}$$
$$(4.30) \quad \propto {}^t\begin{pmatrix} 1 & 0.615 & 0.379 & 0.233 & 0.143 & 0.942 \end{pmatrix}.$$

上述の 2 つの計算より，次のような事が判明する．

(1) 条件 (4.26) の線型計画計算による価格比率 (4.28) と，条件 (4.22) の Moore-Penrose 擬似逆行列の応用計算による価格比率 (4.23) とは，一致している．

これは，Marx-Sraffa 模型には賃金率最大化の構造が既に包含される事を意味している．

(2) 条件 (4.27) の線型計画計算から得られた産出量比率 (4.30) と，条件 (4.22) の Moore-Penrose 擬似逆行列の応用計算から得られた産出量比率 (4.25) とは，一致しているが，操業水準比率 (4.29) と (4.24) とは，必ずしも一致していない．

これは，Marx-Sraffa 模型には労働投入最小化の構造が必ずしも含まれていない事を意味している．

4.7 結

4.7.1 経済的耐用年数の内生的決定

図 4.1 による 2 つの断面図を取る．従って，利潤率と経済的耐用年数との

関係，及び能率と経済的耐用年数との関係を各々下記の 2 次元の図で見る事が出来る．[4]

(1) $\alpha = \bar{\alpha}$ に固定する．利潤率 r が上昇すると，経済的耐用年数 τ が大きくなる傾向にある．実質賃金率が下落し，図 4.1 の断面図（利潤率と経済的耐用年数との関係）を示すのが図 4.4 である．

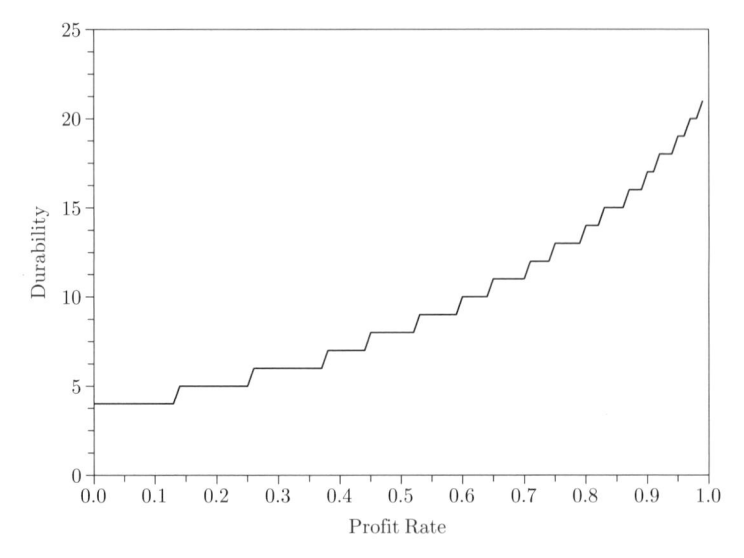

図 4.4　利潤率と経済的耐用年数との関係 ($\alpha = 0.90$)

(2) $r = \bar{r}$ に固定する．α が減少する (固定設備の能率が下がる) と，経済的耐用年数 τ が小さくなる傾向にある．実質賃金率が下落し，図 4.1 の断面図 (固定資本能率と経済的耐用年数との関係) を示すのが図 4.5

---

[4] Sraffa (1960, p.71) は年金終価の式を基に利潤率の変化に応じて，ある一定の耐用年数を持ち且つ効率一定の耐久的設備の経過年数と各年齢の固定資本の新品に対する価値の割合との関係を 2 次元の図で少し考察した．Sraffa がそこで従来の物理的耐用年数を前提に，機械が使用年数に応じてその能率が低下する様なものではないから，経済的耐用年数の内生的決定プロセスが解明され得ない．そして，同じ利潤率の下では，能率の変化に依る経済的耐用年数の変化も明示されていない．本章の図 4.4 と図 4.5 は，経済的耐用年数の内生的決定プロセスを解明したものと云える．

である.[5]

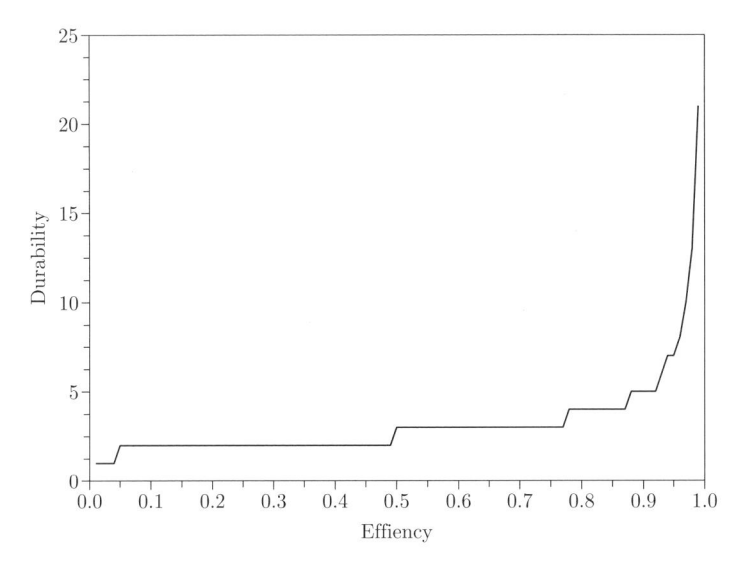

図 4.5 固定資本能率と経済的耐用年数との関係 ($r = 0.20$)

4.7.2 固定資本の焼入効果

表 4.3 と図 4.2 から,固定資本の焼入効果に関する以下の結論を得る.

(1) 1 歳,2 歳の中古固定資本の能率 $\beta = \bar{\beta}$ として,利潤率 r が上昇すると,実質賃金率が下落し,経済的耐用年数 τ が大きくなる傾向にある.

(2) 実質賃金率は,焼入効果のない場合より,焼入効果のある場合の方が大きい.

(3) 同じ利潤率の下では,能率 β の向上は 1 歳中古固定資本の価格を押し上げる効果がある.しかも,焼入効果のある場合に於ける中古固定資本の価格は,焼入効果のない場合に於けるそれらよりも評価が高い. β

---

[5] ここで注意すべきは,経済的耐用年数と固定設備の能率との関係を表す図 4.5 の中には,能率 $\alpha = 0$ の付近では切れているものが有る.これは零能率の固定設備はそもそも使用される事が無く廃棄すべきと考えられるからである.

はある一定の数値を超えると，1歳中古固定資本財の価格評価は，0歳の完全な新品固定資本財よりも高いと云う特異性を有する．

4.7.3 物理的耐用年数との比較

図 4.6 は，表 4.2 の $\alpha = 0.90$ に於ける賃金利潤曲線と，同様な耐用年数に於ける表 4.4 の賃金利潤曲線を示している．

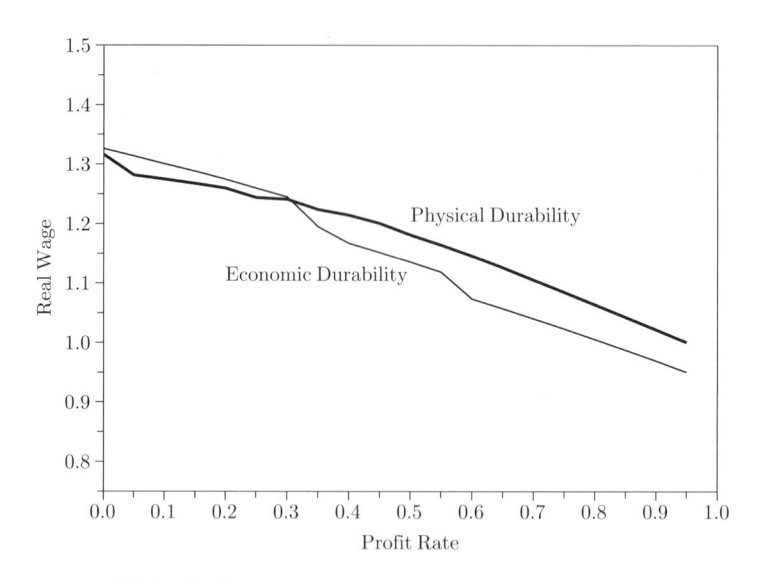

図 4.6 経済的耐用年数と物理的耐用年数に於ける（実質）賃金利潤曲線

更に，同じ利潤率 ($r = 0.20$) の下で，経済的耐用年数による中古固定資本価格 (4.5)，焼入効果による中古固定資本価格 (4.13)，物理的耐用年数による中古固定資本価格 (4.16) は図 4.7 に示される．

これらを比較してみると，

(1) p は固定資本の能率 α と利潤率 r 両方に依存して決定される．

(2) $\bar{p}$ は利潤率 r のみに依存して決定される．

と云う事が判明する．それに，物理的耐用年数の場合に於ける中古固定資本

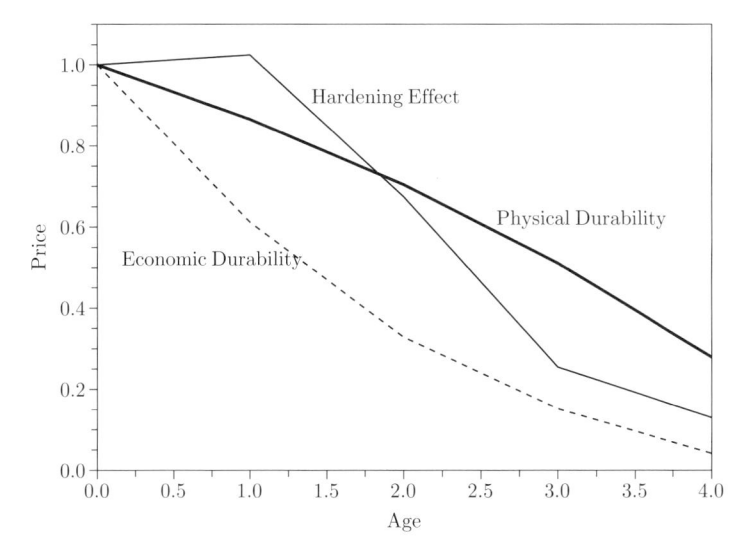

図 **4.7** 経済的・物理的耐用年数・焼入効果に於ける固定資本価格の比較

価格及び減価償却分の変化は，経済的耐用年数の場合に比べ緩やかである．

かくして，経済的耐用年数と物理的耐用年数の各々異なる場合に於ける減価償却の相違は，生産価格 p と $\bar{p}$ とを比較する事に依って明らかになる．

年齢別固定資本価格比率とは対照的に，同じ利潤率の下では，(4.10), (4.15), (4.18) の年齢別固定資本の産出量比率が互いに一致する．この模擬計算から，年齢別固定資本の産出量比率は，能率に依らず利潤率のみに依存する事が判る．

4.7.4 理論的意義

従来の方法では，固定資本の耐用年数が外生的に与えられ，価格と賃金率は利潤率の関数として決定される．それに，減価償却は利潤率と所与の物理的耐用年数の関数として決められる．

他方，本章の様な線型計画の手法では，価格，賃金率，経済的耐用年数は，完全に利潤率の関数として決定され，結果的に，減価償却は利潤率のみの関数として決定される事になる．本章の方法では，この様な利潤率の能動的役割は如実に論証されると云えよう．

第5章
中国産業連関表と線型経済理論[*]

5.1 序

本章では,線型経済理論上重要な量的範疇を中国産業連関表を利用し3つの試算として示す.

先ず,中国の1981～2007年産業連関表から,中国経済に於けるvon Neumann成長率等の理論的指標を試算する.更に,中国経済の消費投資曲線の描画方法を具体的に示す.産業連関表データは,中国国家統計局の1981年(24部門),1987年,1990年,1992年,1995年(33部門),1997年,2000年(40部門),2002年,2005年,2007年(42部門)のものを使用した.労働データの出典は,ILO国際労働経済統計年鑑である.[1]

次に,中国の1981～2007年多部門産業連関表からMarx型2部門(生産財・消費財)経済表を構築する.分析の枠組としては,Fujimori (1992a)の方法を採用する.中国の産業連関表は作成年度により構造的違いがある故,理論的枠組の構築方法を二通り示す.中国産業連関表のデータを2部門表に置き換え,中国経済に於ける利潤率,蓄積率,資本成長率等の理論的指標を試算する.

---

[*] 本章は,李 (2008) に一部加筆,修正を加えたものである.
[1] 1981年のIO表は国家計劃委員会経済預測中心・国家計劃委員会経済預測中心 (1986) 及び Centre of Economic Forecasting State Planning Commission of China and Department of Statistics on Balances of National Economy State Statistical Bureau (1987). 1987年のIO表は中国国家統計局国民経済平衡司・中国国家統計局国民経済平衡司 (1991). 1990年～2002年のIO表は中国国家統計局国民経済核算司 (1993, 1996, 1997, 1999, 2002, 2006). 2005年,2007年のIO表は国家統計局 (http://www.stats.gov.cn/tjsj/ndsj/) の公表データである.平均労働時間は,国際労働事務局 (2005) 及びLABORSTA(http://laborsta.ilo.org/) の公表データを使用した.

最後に，この 2 部門表を基礎とし，上で計算した投入係数等を時系列データと見なして，差分不等式の形で，次期の生産的投入は今期の供給を上回らないと云う条件と，計画期間中の産出量が前期の産出量を下回らないと云う追加の制約条件の下で，計画期間の最終年度に於ける消費財の産出量を最大にするような目的関数を導入して，最適成長経路を試算する．計画期間は 1987～2007 年とする．1987 年を既知の初期条件とし，2007 年を最終年度とする．これを線型計画問題として解き，物価変動も考慮し，中国経済に於ける Turnpike 経路を試算する．

5.2 消費投資曲線

先ず，5.2.1 小節では von Neumann 数量均衡及び消費投資曲線の基本定義を示す．5.2.2 小節では中国産業連関表の作成過程及び基本構造を明示する．5.2.3 小節では国家統計局の産業連関表及び各年度の『中国統計年鑑』公表の統計データを利用し，消費投資曲線の計算手順を詳細に示す．

本節では，従前の通り，Marx の生産価格論に従い，

(1) 賃金前払いとする，
(2) 経済は利潤可能である，

と云う前提条件を置く．

5.2.1 定義

以下の様な式を満たす g_c 及び q^c は各々 von Neumann 成長率, von Neumann 数量比と呼ばれる．

$$(5.1) \qquad M = A + \vartheta \cdot c^* f L,$$
$$(5.2) \qquad q^c = (1 + g_c) M q^c.$$

g_c と q^c の対を von Neumann 数量均衡と呼ぶ．

消費投資曲線とは，(ϑ, g_c) で表されるものである．但し，賃金財の束 $f > 0$ であり，c^* は $\vartheta = 1$，$\lambda_M = 1$ の場合の値である．

5.2.2 中国産業連関表について

中国では50年代，60年代から産業連関表の技術が導入され始めた．産業連関表の研究目的は投入産出技術の分析と応用にあった．1974年に国家統計局，国家計画委員会，中国科学院などの政府機関が初の1973年実物型産業連関表を作成した．当該表には61種類の実物商品を含めていた．1982年には国家統計局と国家計画委員会がMPS（実物型）体系の1981年全国産業連関表（試作表）を作成した．その後，1983年MPS(Material Product System)体系の全国産業連関表も作られ，1987年に国務院は正式的に投入産出調査基準及び作成制度を確定した．それ以来，1987, 1990, 1992, 1995, 1997, 2000, 2002年表が全てSNA(System of National Account)体系で次々と作成された(斉, 2003)．中国産業連関表の基本構造は表5.1で表される．[2]

表 5.1 中国産業連関表雛形

		中間需要	中間需要	最終需要	最終需要	最終需要	最終需要	最終需要	最終需要	純輸出	総産出
		部門 1	... 部門 n	更新大修理	農村住民消費	都市住民消費	政府消費	固定資産形成	在庫純増		
中間投入	部門 1 : : 部門 n										
付加価値	減価償却 雇用者賃金 生産税 営業余剰										
	総投入										

註：1987年以降のIO表には「更新大修理」項目が無い．

---

[2] 中国産業連関表の詳しい作成方法に就いては，最近の文献では中国国家統計局国民経済核算司 (2005) が有る．

本章の中で使用した24部門 (1981)，33部門 (1987, 1990, 1992, 1995) 及び40部門 (1997, 2000)，42部門 (2002, 2005, 2007) の名称に関しては，各年度の産業連関表を参照されたい．付加価値の項目の中で，雇用者賃金を賃金，生産税プラス営業余剰を利潤として見ることになる．

5.2.3 計算手順

先ず，データの一般的記述の為に，以下の記号を用いることにする．

Y ： GDP ，
g^* ： GDP 成長率，
K^* ： 資本形成，
h ： 一人当たりの年間労働時間，
N ： 年間総労働人口，
W^* ： 年間賃金総額，
X_j ： 年間総産出ベクトル，
X_{ij} ： 中間投入行列，
C_j^1 ： 農村人口の消費ベクトル，
C_j^2 ： 都市人口の消費ベクトル，
C_j^3 ： 政府消費ベクトル，
$\mathcal{W}_i$ ： 賃金ベクトル，
$\mathcal{U}_i$ ： 利潤ベクトル，
$\mathcal{T}_i$ ： 税金ベクトル．

次に，計算は下記の手順で行なう．

(i) 公表の統計データから，A^*, f^*, L^*, 蓄積率 α^* を求める．

先ず，投入係数 A^* は

$$A^* = \frac{X_{ij}}{X_j}$$

となる．総労働時間 H と総付加価値 V が各々

(5.3) $$H = Nh,$$

$$\text{(5.4)} \qquad V = \sum_{i=1}^{n}(\mathcal{W}_i + \mathcal{U}_i + \mathcal{T}_i)$$

となる．各部門の労働投入係数は

$$\text{(5.5)} \qquad L^* = ((\mathcal{W}_{1j} + \mathcal{U}_{1j} + \mathcal{T}_{1j})H/V)/X_j$$

によって決定される．

一人当りの賃金財束は消費項目÷総労働人口に等しいとみなして良いので，単位労働当たりの賃金財ベクトルは

$$\text{(5.6)} \qquad f^* = ((C_i^1 + C_i^2 + C_i^3)/N)/h$$

となる．

ここで，利潤総額 S^* は，$S^* = Y - W^*$ である為，蓄積率 α^* は

$$\text{(5.7)} \qquad \alpha^* = \frac{K^*}{S^*}$$

によって決定される．

(ii) $\vartheta = 1$ とする．$\lambda_M = 1$ となるような c^* を求める．即ち，L^*, f^* はそれぞれ (5.5), (5.6) によって与えられる．係数行列 M は

$$\text{(5.8)} \qquad M = A^* + c^* f^* L^*$$

となる故，$\lambda_M = 1$ となるような c^* が求められる．因みに，この時，$g_c = 0$ である為，最大賃金率となる．

(iii) c^* が確定されたら，$F^* = c^* f^*$ を固定する．F^* は利潤率零の時の賃金財のバスケットとなる．

$$\text{(5.9)} \qquad M^* = A + \vartheta F^* L^*$$

と置く．$0 < \vartheta < 1$ の範囲で ϑ を変化させ，λ_{M^*} を求める．かくして，

$$g_c = \frac{1}{\lambda_{M^*}} - 1$$

によって ϑ に応じた von Neumann 成長率 g_c を求めることができる. ϑ は実質賃金を反映し, (ϑ, g_c) は消費投資曲線を示す. $\vartheta = 0$ の時, $g_c = \frac{1}{\lambda_A} - 1$ となり, 最大利潤率 R に対応する.

(iv) ϑ を $0 < \vartheta < 1$ と動かし, $g^* = \alpha^* r = \alpha^* g_c$ となるような g_c^* を求める. g_c^* は現実経済に対応する von Neumann 成長率で, (ϑ^*, g_c^*) は消費投資曲線上にある. (ϑ^*, g^*) は現実経済の座標 (E 点) である.

現実の経済には不生産的消費が存在するので, 蓄積率は1にならない. 均衡点は消費投資曲線の内側に位置する. この点を E 点として, 座標は (ϑ^*, g^*) で表される. ϑ^* は現実の実質賃金, g^* は斉一成長率である.

中国の統計ベースのデータは表 5.2 に, 諸指標の計算結果は表 5.3 に示されている.

表 5.2 統計ベースの主要データ

	Y（億元）	W^*（億元）	N（万人）	K^*（億元）	h（時間）	g^*（％）
1981	4901.4	820.0	43725	1581.0	1937	5.2
1987	11784.7	1881.1	52783	4322.0	1908	9.4
1990	18319.5	2951.1	64749	6444.0	1895	5.0
1992	25863.7	3939.2	66152	9636.0	2225	12.8
1995	58510.5	8100.0	68065	23877.0	2057	10.2
1997	74894.2	9405.3	69820	28457.6	1895	8.8
2000	89340.9	10656.2	72085	32499.8	1800	8.0
2002	107897.6	13161.1	73740	42304.9	1900	8.0
2005	184937.4	20627.1	75825	88773.6	2390	10.4
2007	265810.3	29471.5	76990	137323.9	2275	11.4

註：1981, 1985, 1987, 2002 年の h は推定値である.

表 5.3 統計データから試算された数値

	V（億元）	S^*（億元）	α^* (%)	g_c (%)	c^*	ϑ^*	R (%)
1981	3940.206	4081.4	38.7	13.4	1.537	0.770	97.6
1987	9043.175	9903.6	43.6	21.5	1.554	0.632	82.0
1990	13258.518	15368.4	41.9	11.9	1.610	0.766	66.8
1992	23106.907	21924.5	44.0	29.1	1.605	0.446	60.2
1995	51852.328	50410.5	47.4	21.5	1.697	0.559	58.2
1997	65391.852	65488.9	43.5	20.3	1.702	0.583	58.3
2000	77741.367	78684.7	41.3	19.4	1.639	0.580	53.9
2002	103118.337	94736.5	44.7	17.9	1.702	0.639	60.6
2005	157084.977	164310.3	54.0	19.2	1.900	0.556	47.4
2007	228788.278	236338.8	58.1	19.6	2.026	0.543	46.2

また，試算された各年度の消費投資曲線は，各々図 5.1–5.10 の通り．

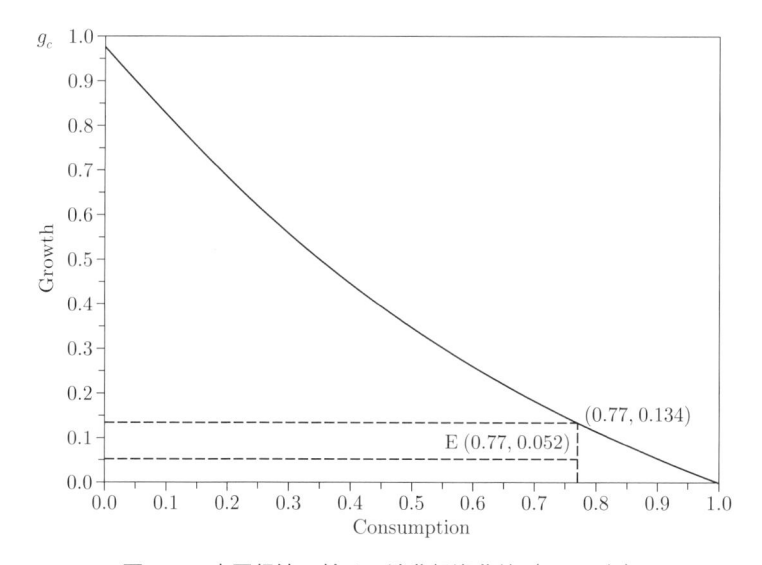

図 5.1 中国経済に於ける消費投資曲線（1981 年）

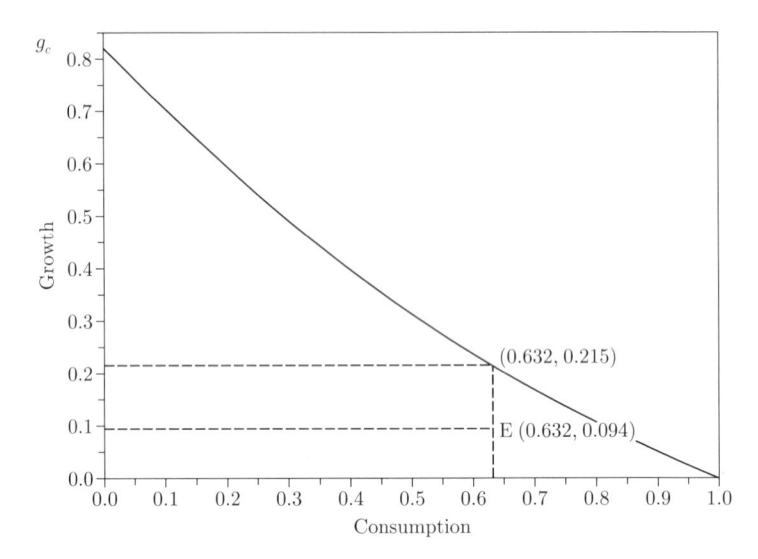

図 5.2　中国経済に於ける消費投資曲線（1987 年）

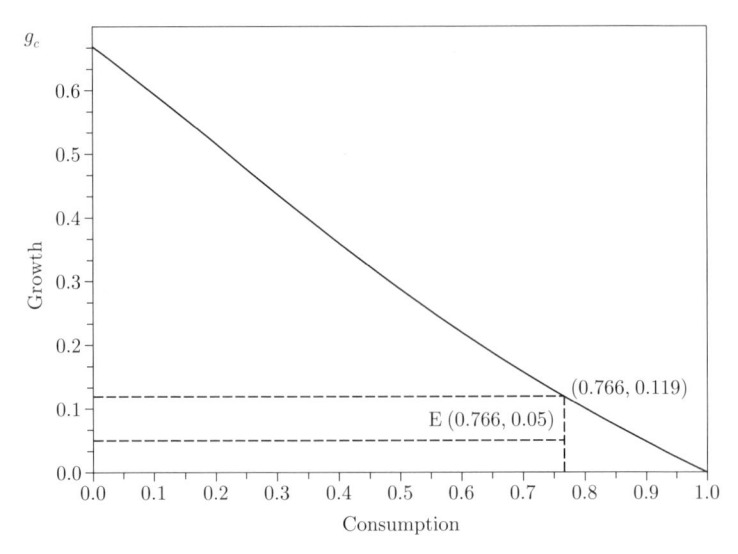

図 5.3　中国経済に於ける消費投資曲線（1990 年）

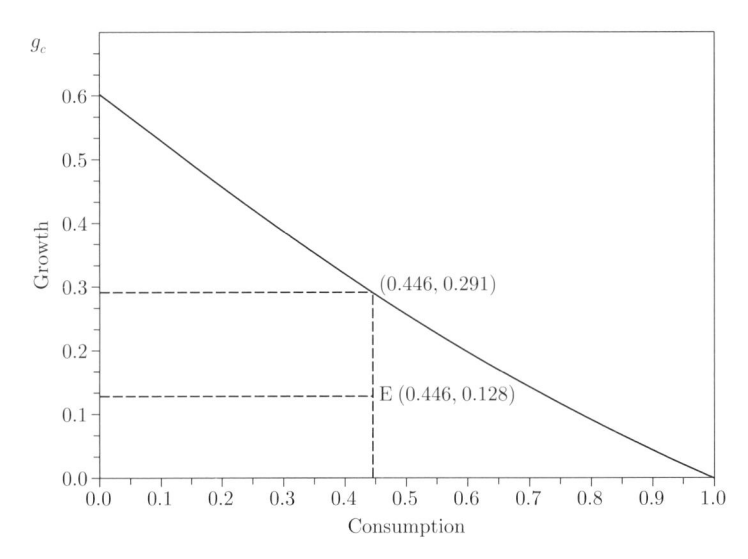

図 5.4 中国経済に於ける消費投資曲線 (**1992** 年)

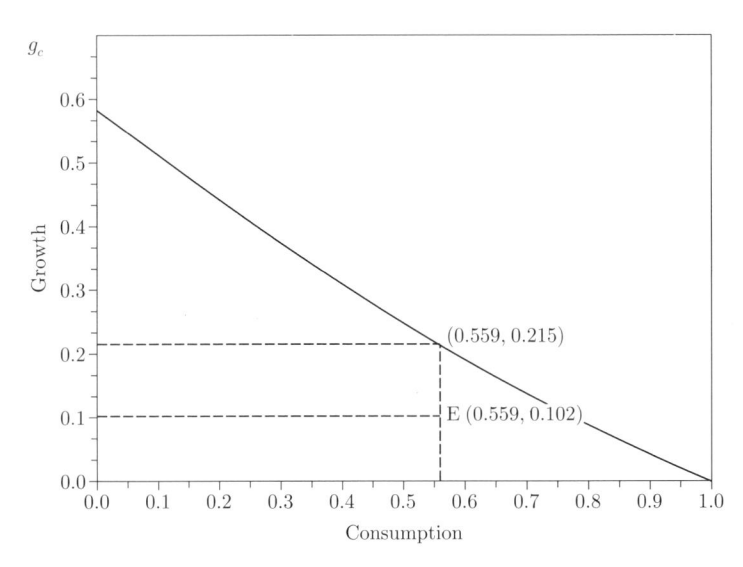

図 5.5 中国経済に於ける消費投資曲線 (**1995** 年)

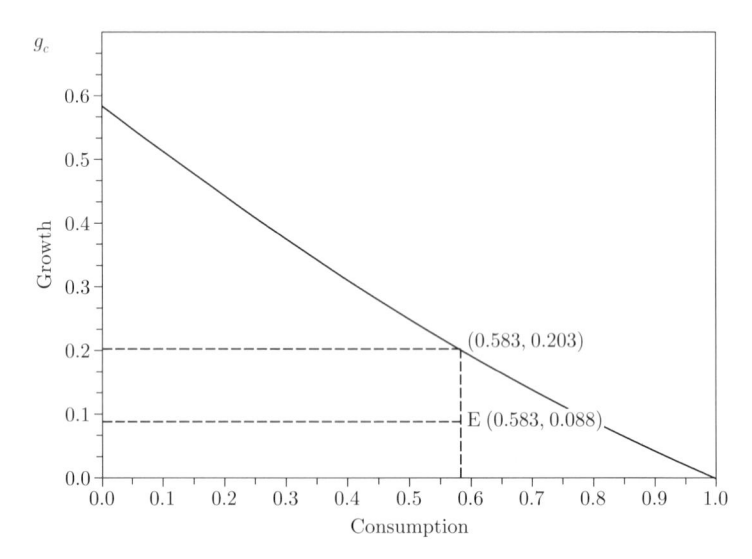

図 5.6　中国経済に於ける消費投資曲線（1997 年）

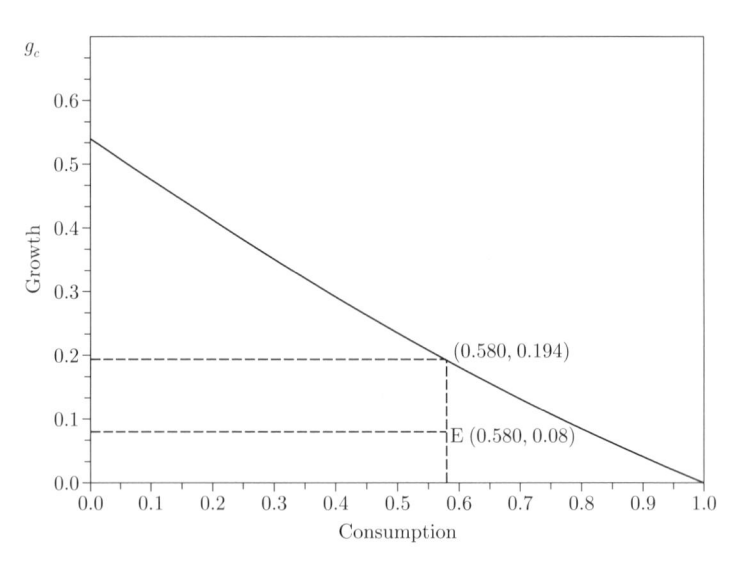

図 5.7　中国経済に於ける消費投資曲線（2000 年）

第 5 章 中国産業連関表と線型経済理論 93

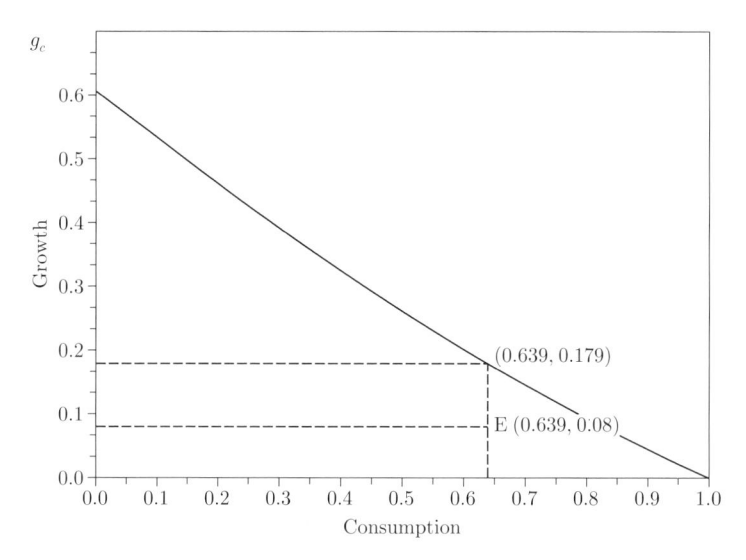

図 5.8 中国経済に於ける消費投資曲線（2002 年）

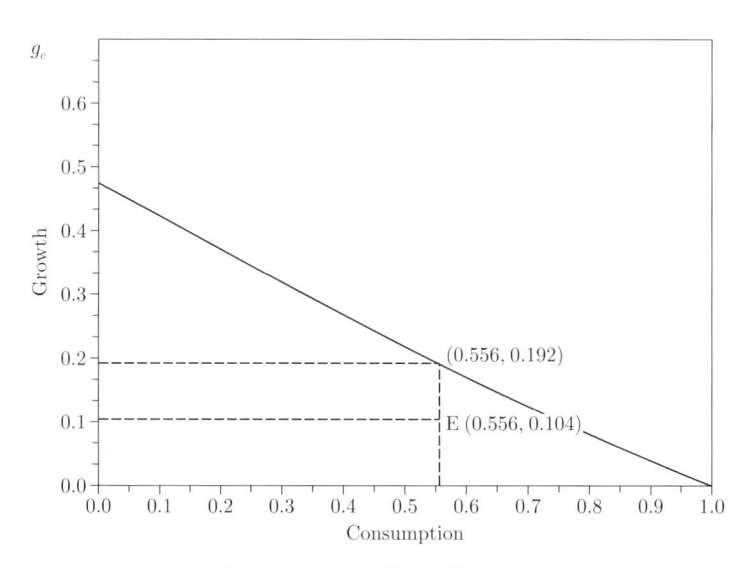

図 5.9 中国経済に於ける消費投資曲線（2005 年）

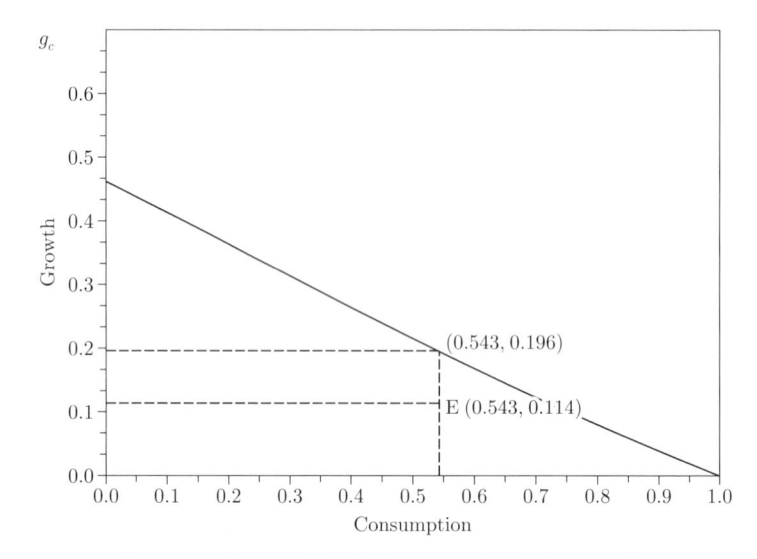

図 5.10　中国経済に於ける消費投資曲線（2007 年）

以上の計算結果によれば，E 点が (ϑ, g_c) で表される消費投資曲線から離れていることが判る．E 点での現実経済にある各年度の成長率が消費投資曲線上にある各々の理論値 (von Neumann 成長率) より小である．

5.3　Marx 型 2 部門模型

資本財を生産する部門 I と消費財を生産する部門 II からなる Marx 型 2 部門経済模型はしばしば経済理論の著述の中に取上げられている．この 2 部門模型は，資本・労働比率，賃金・利潤比率等のような最も基礎的な経済構造を示すことができる．ここで基本ベースとなる産業連関表を利用して 2 部門経済模型を分析していく．以下の分析は Fujimori (1992a) の方法を中国の産業連関表に適用したものである．

5.3.1　閉鎖経済に於ける資本財需要の比率 λ_i の定義

先ず，x^K と x^C は各々投資誘発産出と消費誘発産出とすれば，閉鎖経済に

おいて資本財需要の比率は次のように定義される．

(5.10) $$\lambda_i = \frac{x_i^K}{x_i}.$$

この定義から，産業 i の 1 単位の産出の中，λ_i は資本財部門の産出，$1-\lambda_i$ は消費財部門の産出を意味する．

この λ_i を用いて，2 部門における資本 k_i，賃金 W_i，利潤 Π_i，総産出 Y_i は以下のように表される．

(5.11) $$k_I = \sum_{i=1}^{n}\sum_{j=1}^{n} \lambda_j a_{ij} x_j,$$

(5.12) $$k_{II} = \sum_{i=1}^{n}\sum_{j=1}^{n} (1-\lambda_j) a_{ij} x_j,$$

(5.13) $$W_I = \sum_{i=1}^{n} \lambda_i w_i,$$

(5.14) $$W_{II} = \sum_{i=1}^{n} (1-\lambda_i) w_i,$$

(5.15) $$\Pi_I = \sum_{i=1}^{n} \lambda_i s_i,$$

(5.16) $$\Pi_{II} = \sum_{i=1}^{n} (1-\lambda_i) s_i,$$

(5.17) $$Y_I = \sum_{i=1}^{n} \lambda_i x_i,$$

(5.18) $$Y_{II} = \sum_{i=1}^{n} (1-\lambda_i) x_i.$$

又，投資ベクトル Δk_i，消費ベクトル C から，総投資 $\mathcal{K}$ と総消費 $\mathcal{C}$ は，

(5.19) $$\mathcal{K} = \sum_{i=1}^{n} \Delta k_i,$$

$$(5.20) \qquad \mathcal{C} = \sum_{i=1}^{n} C_i$$

となることが判る．

5.3.2 データ上の相違点—更新大修理

本小節では，中国産業連関表のデータの違いにより，減価償却項目は,, 計算上，二通りの処理が考えられる．

先ず，1981 年中国産業連関表の特徴の一つとして最終需要項目に「更新大修理」項目がある為，ここで，ダミー産業（仮想部門）を作って中間需要項目に入れることにする．即ち，$n+1$ 産業を固定資本に関するダミー産業とするのである．

ダミー部門を含めた投入産出関係は，

$$\begin{pmatrix} x_1 \\ \vdots \\ x_n \\ x_{n+1}^d \end{pmatrix} = \left(\begin{array}{ccc|c} x_{11} & \cdots & x_{1n} & \sum_{j=1}^{n} r_{1,j} \\ \vdots & \ddots & \vdots & \vdots \\ x_{n1} & \cdots & x_{nn} & \sum_{j=1}^{n} r_{n,j} \\ \hline \sum_{i=1}^{n} d_{i,1} & \cdots & \sum_{i=1}^{n} d_{i,n} & 0 \end{array} \right) + \begin{pmatrix} C_1 \\ \vdots \\ C_n \\ 0 \end{pmatrix} + \begin{pmatrix} \Delta K_1 \\ \vdots \\ \Delta K_n \\ 0 \end{pmatrix}$$

となる．

次に，1987 年以降のデータに関しては，更新大修理の項目はない為，以下のように処理する．

固定資本の投入は生産への物理的投入の一部とみることができる．便宜上，固定資本の更新を含む投入を，拡大投入と呼ぶことにする．現実の経済システムに於いて，現物更新 r_{ij} と減価償却 d_{ij} は必ずしも一致しない．然し，経済が均衡状態にあるのならば，近似的に

$$r_{ij} = d_{ij}$$

となる. 故に, 部門 i の減価償却 D_i は

(5.21) $$D_I = \sum_{i=1}^{n}\sum_{j=1}^{n} \lambda_j r_{ij} = \sum_{j=1}^{n} \lambda_j \left(\sum_{i=1}^{n} d_{ij} \right),$$

(5.22) $$D_{II} = \sum_{i=1}^{n}\sum_{j=1}^{n} (1-\lambda_j) r_{ij} = \sum_{j=1}^{n} (1-\lambda_j) \left(\sum_{i=1}^{n} d_{ij} \right)$$

となる.

ここで, 部門 i の消耗資本の総計 $k_i^\dagger$ は $i=I, II$ に対して

(5.23) $$k_i^\dagger = k_i + D_i,$$

となる.

投入の側面（産業連関表の縦の和）からみると,

(5.24) $$Y_I = k_I^\dagger + W_I + \Pi_I,$$

(5.25) $$Y_{II} = k_{II}^\dagger + W_{II} + \Pi_{II}$$

が成立する.

固定資本の純投資ベクトルを ΔF とし, この投入産出システムの総投資構成から, 総純投資ベクトル ΔK に就いて

(5.26) $$\Delta K = \Delta F + \Delta k$$

が成立する. ただし, 固定資本の純投資 $\mathcal{K}^\dagger$ は

(5.27) $$\mathcal{K}^\dagger = \sum_{i=1}^{n} \Delta F_i$$

となる.

5.3.3 開放経済の 2 部門模型

国際取引が存在する場合, 総産出は一般的に国内総需要に等しくないので,

比率 λ_i は修正する必要がある.

開放経済に於ける均衡式は以下の通りである.

(5.28) $$x = A^\dagger x + C + \Delta K + E - M.$$

ここで，国内総需要 H_i は

(5.29) $$H_i = \sum_{j=1}^{n} a_{ij} x_j + \Delta K_i + C_i$$

となる.

比率 λ_i は国際取引を含む開放経済模型において,

(5.30) $$\lambda_i = 1 - \frac{C_i}{H_i}$$

と再定義できよう.

他方，開放経済に於ける $\mathcal{E}_I$ 及び $\mathcal{E}_{II}$ は

(5.31) $$\sum_{j=1}^{n} \lambda_j x_j = \sum_{i=1}^{n} \Big(\sum_{j=1}^{n} x_{ij} + \Delta K_i \Big) + \mathcal{E}_I$$

(5.32) $$\sum_{j=1}^{n} (1-\lambda_j) x_j = \sum_{j=1}^{n} C_j + \mathcal{E}_{II}$$

を満たす. ここで,「輸出-輸入」を純輸出項目にしてある.

2部門開放経済に於ける横の均衡バランス式は

(5.33) $$Y_I = k_I^\dagger + k_{II}^\dagger + \mathcal{K} + \mathcal{K}^\dagger + \mathcal{E}_I$$
(5.34) $$Y_{II} = \mathcal{C} + \mathcal{E}_{II}$$

となることが判る.

以上の分析から，開放経済の2部門表は以下のように組み直される.

表 5.4　2 部門開放経済

	I	II	最終国内需要	純輸出	合計
I	$k_I^\dagger$	$k_{II}^\dagger$	$\mathcal{K}+\mathcal{K}^\dagger$	$\mathcal{E}_I$	Y_I
II			$\mathcal{C}$	$\mathcal{E}_{II}$	Y_{II}
賃金	W_I	W_{II}			
利潤	Π_I	Π_{II}			
合計	Y_I	Y_{II}			

5.3.4　2 部門中国産業連関表

上述に示された手順で多部門の中国産業連関表から試算した 2 部門表の結果は表 5.5 の通りである．

ここで，κ，μ，π，ζ，δ を各々次のように定義する．

資本の有機的構成　: $\kappa_i = \dfrac{k_i^\dagger}{W_i}$,

剰余価値率　: $\mu_i = \dfrac{\Pi_i}{W_i}$,

利潤率　: $\pi_i = \dfrac{\Pi_i}{k_i^\dagger + W_i}$,

部門比率　: $\zeta = \dfrac{Y_I}{Y_{II}}$,

資本成長率　: $\delta = \dfrac{\mathcal{K}+\mathcal{K}^\dagger}{k_I^\dagger + k_{II}^\dagger}$,

蓄積・利潤の比率　: $\sigma = \dfrac{\mathcal{K}+\mathcal{K}^\dagger}{\Pi_I + \Pi_{II}}$.

表 5.5 の数字を用いてこれ等構造・分配指標を計算した結果は，表 5.6 の通りである．

これらの構造・分配指標から，次の様な事が判る．

(1) 部門比率 $\zeta > 1$. 即ち，生産財の比重は消費財の比重より大きい．
(2) $\kappa_I > \kappa_{II}$, $\mu_I > \mu_{II}$. 1987, 1990, 1992, 2000 年は $\pi_I > \pi_{II}$, 1981, 1995, 1997, 2002, 2005, 2007 年は $\pi_I < \pi_{II}$.
(3) 両部門の利潤率は減少する傾向がある．これは固定資本の投入が年々

表 5.5　2部門中国産業連関表（単位：億元）

1981	I	II	最終部門	純輸出	合計
I	3821 (322)	1288 (89)	891	455	6454
II			2584	10	2594
賃金 利潤	1279 1355	738 568			
合計	6454	2594			9048

1987	I	II	最終部門	純輸出	合計
I	12277 (896)	3163 (306)	3979	-55	19364
II			6466	-167	6299
賃金 利潤	3536 3551	2145 990			
合計	19364	6299			25663

1990	I	II	最終部門	純輸出	合計
I	21658 (1463)	4983 (499)	5579	622	32843
II			9509	-139	9371
賃金 利潤	5717 5468	2949 1438			
合計	32843	9371			42213

1992	I	II	最終部門	純輸出	合計
I	37802 (2728)	7555 (810)	8503	535	54396
II			14187	-118	14068
賃金 利潤	7757 8837	4296 2217			
合計	54396	14068			68464

第 5 章　中国産業連関表と線型経済理論　　101

1995	I	II	最終部門	純輸出	合計
I	87643 (5936)	17050 (1660)	20485	1123	126301
II			30824	-580	30244
賃金	19770	8124			
利潤	18888	5070			
合計	126301	30244			156545

1997	I	II	最終部門	純輸出	合計
I	112785 (7992)	21667 (2320)	23851	3298	161601
II			38799	-556	38243
賃金	29333	12207			
利潤	19483	4369			
合計	161601	38243			199844

2000	I	II	最終部門	純輸出	合計
I	152050 (11479)	27762 (3127)	25241	4677	209730
II			48730	-907	47823
賃金	34806	15113			
利潤	22874	4948			
合計	209730	47823			257553

2002	I	II	最終部門	純輸出	合計
I	177625 (13857)	32686 (4882)	35695	6703	252711
II			62820	-2101	60719
賃金	39846	19104			
利潤	35239	8928			
合計	252711	60719			313430

2005	I	II	最終部門	純輸出	合計
I	317851 (1966)	41886 (28)	70374	8645	438758
II			80160	-2095	78064
賃金	55426	22805			
利潤	65479	13372			
合計	438758	78064			516822

2007	I	II	最終部門	純輸出	合計
I	505437 (1806)	52978 (3794)	103924	22903	685243
II			101483	477	101960
賃金	80492	29555			
利潤	99314	19426			
合計	685243	101960			787204

表 5.6 構造・分配指標

	κ_I	κ_{II}	μ_I	μ_{II}	π_I	π_{II}	ζ	δ	σ
1981	2.988	1.744	1.060	0.770	0.266	0.281	2.488	0.174	0.463
1987	3.472	1.474	1.004	0.462	0.225	0.187	3.074	0.258	0.876
1990	3.789	1.690	0.956	0.488	0.200	0.181	3.505	0.209	0.808
1992	4.873	1.759	1.139	0.516	0.194	0.187	3.867	0.187	0.769
1995	4.433	2.099	0.955	0.624	0.176	0.201	4.176	0.196	0.855
1997	3.845	1.775	0.664	0.358	0.137	0.129	4.226	0.177	0.999
2000	4.368	1.837	0.657	0.327	0.122	0.115	4.386	0.140	0.907
2002	4.458	1.711	0.884	0.467	0.162	0.172	4.162	0.170	0.808
2005	5.735	1.837	1.181	0.586	0.175	0.207	5.620	0.196	0.892
2007	6.279	1.793	1.234	0.657	0.169	0.235	6.721	0.186	0.875

増加しているからである.

(4) 両部門の剰余価値率に就いては，2000 年迄は逓減し，2000 年以降は逓増する傾向にある.

(5) 80 年代後半までには，資本成長率は逓減し，90 年代の初めから現在に

至ってまた逓増する傾向が強くなっている．
(6) 1987年以降の蓄積・利潤比率 σ がかなり高い割合を占めている．これは，政府消費にまわす利潤の比重が低いからである．

5.4 中国経済の最適 (Turnpike) 経路

本節では，前節で試算した2部門表を基に，中国経済に於ける最適経路を検討する．[3] 先ず，第5.4.1小節では中国経済に於ける線型計画問題の組み方を示す．次に，第5.4.2小節ではこの線型計画問題を解く為の計算手順及びデータ処理の方法を明示する．係数等の計算手法については，Leontief (1970) に示されたものを採用する．

実際の計算過程に使われた時系列のデータは，中国産業連関表が作られた年 (1987, 1990, 1992, 1995, 1997, 2000, 2002, 2005, 2007年) のデータを使用する．次期の生産的投入の需要は今期の供給を上回らないという差分不等式の形の制約条件の下で，最終年度に於ける消費財の産出量を最大にする目的関数を考える．

5.4.1 線型計画問題

先ず，t期の産出量ベクトルを$x(t)$とする．次期の生産的投入の需要は今期の供給を上回る事はないので，次期の需要と今期の供給との関係は

$$(5.35) \qquad x(t) \geq Mx(t+1)$$

とならなければならない．

初期状態$x(0)$を既知として，n期までの需給関係は以下の通りに表される．

---

[3] Turnpike 理論に関しては，Morishima (1961), Nikaido (1964, 1968), Inada (1964), Tsukui (1967), McKenzie (1998), McKenzie (2002, Chap.7) などの著述を参照せよ．

$$x(0) \geqq M_1 x(1),$$
$$x(1) \geqq M_2 x(2),$$
(5.36)
$$\vdots$$
$$x(n-1) \geqq M_n x(n).$$

これらを辺々加え，整理し直すと，

(5.37) $$\begin{pmatrix} M_1 & & & \\ -I & M_2 & & \\ & \ddots & \ddots & \\ & & -I & M_n \end{pmatrix} \begin{pmatrix} x(1) \\ x(2) \\ \vdots \\ x(n) \end{pmatrix} \leqq \begin{pmatrix} x(0) \\ 0 \\ \vdots \\ 0 \end{pmatrix}.$$

ここで，計画期間中の最終年度に於ける消費財の産出量 $x_2(n)$ を最大にする目的関数を取る．更に制約条件に

(5.38) $$x(t+1) \geqq x(t),\ t = 0, 1, 2, \cdots, n-1$$

つまり，計画期間中の産出量が前期の産出量を下回らないと云う条件を加えると，計画問題は，

(5.39) $$\max\{x_2(n) \mid Gx \leqq d, x \geqq \mathbf{0}\},$$

$$G = \begin{pmatrix} M_1 & & & & \\ -I & M_2 & & & \\ & \ddots & \ddots & & \\ & & & -I & M_n \\ -I & & & & \\ I & -I & & & \\ & \ddots & \ddots & & \\ & & & I & -I \end{pmatrix},\ \boldsymbol{d} = \begin{pmatrix} x(0) \\ 0 \\ \vdots \\ 0 \\ -x(0) \\ 0 \\ \vdots \\ 0 \end{pmatrix}$$

となる.

5.4.2 計算手順と計算結果

先ず，計画問題を解く為の計算は以下の手順で行なわれる.

(i) 表 5.5 と表 5.2 から，A^{**}, f^{**}, L^{**} を求める.

(ii) $\vartheta = 1$ とする. $\lambda_M = 1$ となるような c^{**} を求める. $F^{**} = c^{**}f^{**}$ と固定する. $M^{**} = A^{**} + \vartheta F^{**} L^{**}$ となる.

(iii) ϑ を $0 < \vartheta < 1$ と動かし，$g^* = \alpha^* r = \alpha^* g_c = \alpha^*(\frac{1}{\lambda_{M^{**}}} - 1)$ となるような $\lambda_{M^{**}}$ を求める. この時，$\lambda_{M^{**}}$ に応じた ϑ^{**} が確定され，M^{**} 及び von Neumann 数量比も同時に決定される.

以上の手順 (i), (ii), (iii) によって試算して得た各年度の 2 部門拡大投入係数 M 及び von Neumann 数量比 q^c の結果は以下の通りである.

$$M_{81} = \begin{pmatrix} 0.592 & 0.497 \\ 0.300 & 0.371 \end{pmatrix}, M_{87} = \begin{pmatrix} 0.634 & 0.502 \\ 0.205 & 0.279 \end{pmatrix},$$

$$M_{90} = \begin{pmatrix} 0.659 & 0.532 \\ 0.245 & 0.337 \end{pmatrix}, M_{92} = \begin{pmatrix} 0.695 & 0.537 \\ 0.094 & 0.142 \end{pmatrix},$$

$$M_{95} = \begin{pmatrix} 0.694 & 0.564 \\ 0.142 & 0.203 \end{pmatrix}, M_{97} = \begin{pmatrix} 0.698 & 0.567 \\ 0.147 & 0.211 \end{pmatrix},$$

$$M_{00} = \begin{pmatrix} 0.725 & 0.581 \\ 0.126 & 0.192 \end{pmatrix}, M_{02} = \begin{pmatrix} 0.703 & 0.538 \\ 0.162 & 0.251 \end{pmatrix},$$

$$M_{05} = \begin{pmatrix} 0.724 & 0.537 \\ 0.132 & 0.222 \end{pmatrix}, M_{07} = \begin{pmatrix} 0.738 & 0.520 \\ 0.118 & 0.215 \end{pmatrix}.$$

(iv) 係数 M^{**} の毎年のデータを仮説し，G を確定する.

先ず，1987 年を初期値とすれば，(5.39) の G の対角線にある M_1, M_2, $\cdots$, M_n は，各々 1988, 1989, $\cdots$, 2007 年の M である. $x(0)$

表 5.7 中国 2 部門投入産出表より試算して得た von Neumann 数量比

1981	1987	1990	1992	1995	1997	2000	2002	2005	2007
0.863	0.936	0.915	0.989	0.975	0.973	0.981	0.965	0.978	0.982
0.506	0.352	0.403	0.147	0.223	0.230	0.192	0.261	0.209	0.186

は 1987 年 2 部門表の資本財と消費財の産出である．ここで，1987〜1989 年，1990〜1991 年，1992〜1994 年，1995〜1996 年，1997〜1999 年，2000〜2001 年，2002〜2004 年，2005〜2006 年の間に技術変化がないと仮定する．即ち，

$$M_{87} = M_{88} = M_{89},\ M_{90} = M_{91},\ M_{92} = M_{93} = M_{94},\ M_{95} = M_{96},$$
$$M_{97} = M_{98} = M_{99},\ M_{00} = M_{01},\ M_{02} = M_{03} = M_{04},\ M_{05} = M_{06}$$

とする．2007 年を最終年度とすれば，これで全ての年のデータが揃えられる．G は 80×40 の行列，d は 80×1 の縦ベクトルとなる．これらの係数を (5.39) 式に代入すれば，各年度の最適値が計算できる．物価変動の要素（中国国家統計局『中国統計年鑑』）を考慮し，現実経済の値と比較できる．

中国経済に於ける最適値及び現実経済の値は表 5.8 の通りである．成長経路は図 5.11 に示される．

表 5.8 計画問題の理論値 (x_1, x_2) 及び実績値 (x_1^*, x_2^*) （単位：億元）

	1987	1990	1992	1995	1997	2000	2002	2005	2007
x_1	19364	31902	72023	129915	202524	367132	489370	561123	796354
x_2	6299	13778	23077	29836	47854	67331	88126	96754	334367
x_1^*	19364	32843	54396	126301	161601	209730	252711	438758	685243
x_2^*	6299	9371	14068	30244	38243	47823	60719	78064	101960

第 5 章 中国産業連関表と線型経済理論 107

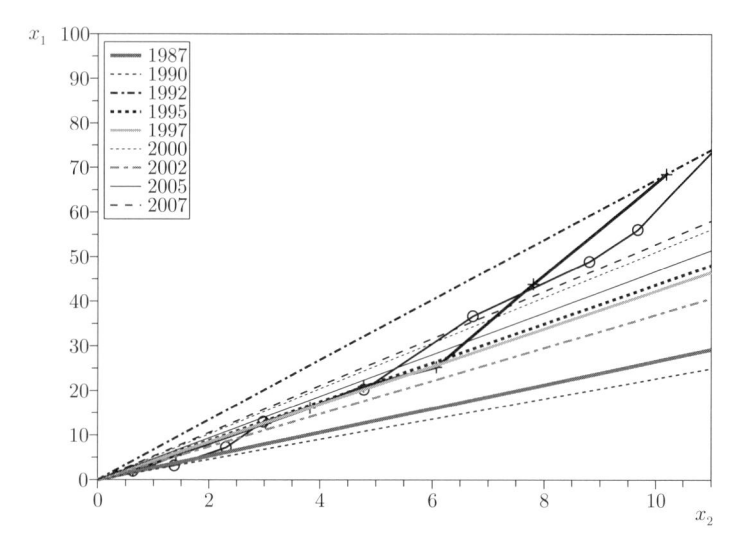

理論値：赤 (○) の実線；実績値：青 (+) の実線；von Neumann 数量比：色付点線
図 5.11 中国経済での von Neumann 数量比と Turnpike 経路 (1987–2007)

5.5 経済計画

第 3 章 3.2 節で議論した様に，(3.1) の様な数量体系の均衡は，Hua (1984) が議論したように，不安定である．

さて，財の需給一致が安定的に達成されるような方策の可能性について少し検討してみよう．

数量体系の安定化に関する議論において，Marx の再生産分析に於ける拡大再生産表式が一つの指針を与えている．

Marx の拡大再生産表式例の含蓄は，生産財部門が 2 期連続して同一成長率を維持した場合，消費財部門の成長率は 2 期目に生産財部門のそれに追い付くというものである．(Morishima, 1973, p.121; 置塩, 1987, p.17). 0 期，1 期，2 期の数量 $x_1(0)$, $x_1(1)$, $x_1(2)$, $x_2(0)$, $x_2(1)$, $x_2(2)$ 及び成長率 $g_1(0)$, $g_1(1)$, $g_2(0)$, $g_2(1)$ の関係は以下の様に表される．

(5.40) $$x_1(1) = (1 + g_1(0))x_1(0),$$
(5.41) $$x_2(1) = (1 + g_2(0))x_2(0),$$
(5.42) $$x_1(2) = (1 + g_1(1))x_1(1),$$
(5.43) $$x_2(2) = (1 + g_2(1))x_2(1).$$

数量的需給関係は,

(5.44) $$x_1(0) = a_1 x_1(1) + a_2 x_2(1),$$
(5.45) $$x_2(0) = fl_1 x_1(1) + fl_2 x_2(1) + c(0),$$
(5.46) $$x_1(1) = a_1 x_1(2) + a_2 x_2(2),$$
(5.47) $$x_2(1) = fl_1 x_1(2) + fl_2 x_2(2) + c(1)$$

である.

もし,部門 1(生産財部門) の成長率が 2 期連続して同一になる様な政策,即ち,

$$g_1(0) = g_1(1)$$

が取られるならば, (5.40), (5.41), (5.42), (5.43), (5.44), (5.46) により,

$$g_2(1) = g_1(1)$$

が従う.[4] ここで,生産財部門の成長率を 2 期連続して同一にさせる事が出来れば, 2 期以降の消費財部門の成長率が同一になると云うことである. これは,社会主義工業化政策の一環として認識されている.

今,

(5.48) $$x(t) = Mx(t+1) + \boldsymbol{c}(t)$$

という数量システムを考えよう. ここで, 2 年間同一成長率を続ける政策を

---

[4] 生産財の需給だけで上述のことは決定される.

取るとすると，(5.48) を 2 部門で書けば，

(5.49) $\quad x_1(t) = \varsigma^2 a_1 x_1(t-1) + \varsigma^2 a_2 x_2(t-1),$

(5.50) $\quad x_2(t) = \varsigma^2 f l_1 x_1(t-1) + \varsigma^2 f l_2 x_2(t-1) + c_0(t)$

となる．ここで，ς は制御変数である．(5.49), (5.50) は正規形であり，一般解 $x(t)$ は

(5.51) $\quad x(t) = b_1(\varsigma^2 \lambda_1)^t z^1 + b_2(\varsigma^2 \lambda_2)^t z^2 + (I - \varsigma^2 M)^{-1} \boldsymbol{c}(t)$

である．但し，b_1, b_2 は初期条件に於ける定数である．$x(t)$ の一般解の項のうちに，Perron-Frobenius 根の項が支配的になる為，この経済体系は安定的であると云える．

本章では，von Neumann 数量比，消費投資曲線，Marx 型 2 部門模型及び Turnpike 経路について議論を展開してきた．

先ず，第 2 節での理論的指標の試算結果から，(1) 中国経済における蓄積率はここ数十年 40% 前後に達している．(2) 80 年代初期から 90 年代後半にわたり，最大利潤率は逓減する趨勢にあることが判った．

次に，第 3 節で議論した構造指標の試算結果から，(1) 生産財の比重が消費財の比重より遥かに大きい．これは，中国はまだ発展途上国であることの裏付になる．(2) 両部門の利潤率は逓減する傾向にある．(3) 資本成長率は 80 年代後半までには，逓減し，90 年代の初期から現在に至って又逓増する傾向が強くなっていることが判明した．

最後に，第 4 節で試算した中国経済に於ける Turnpike 経路から，現実の経済経路は最適経路を追跡するように動いていることが判った．制約条件が定められれば，如何なる目的関数であっても，Turnpike 経路は不変である事（強 Turnpike 定理[5]）が追試出来よう．

第 5 節で見られる様に，固定資本が許容されない数量体系に就いては，政策

---

[5] 詳しくは，Nikaido (1964) を見よ．

的に制御変数を導入する事に依って体系を安定化させる事が可能である，と云う事を示唆した．さて，固定資本が一般許容される様な体系では，動学体系を如何に安定化させるか，現段階に於いて利用可能な中国の固定資本データ等を基に，固定資本係数の推計方法等を含めて，次の２章で詳しく検討しよう．

第6章
限界固定資本係数と賃金利潤曲線*

6.1 序

　本章では，現段階で利用可能な中国の固定資本粗投資データや，公表される産業連関表等を利用して，線型経済理論上重要と思われる幾つかの理論的指標を試算する．

　先ず，中国の 1987–2000 年固定資本粗投資データから，固定資本投入係数（限界資本係数）を推計する．Fujimori (1992b) は，Sraffa (1960) の標準体系を基礎に，日本の固定資本粗投資等のデータ（固定資本粗投資マトリックス）を利用して，固定資本係数の推計方法を最初に開発した．本章は，この推計方法（以下，Sraffa-Fujimori 方式と呼ぶ）を分析の枠組として，中国経済に適用する．

　次に，von Neumann-Leontief 経済の基本的枠組を明確する．更に，産業連関表から試算された中間投入係数や Sraffa-Fujimori 方式で推計された固定資本係数を利用して，von Neumann-Leontief 経済に於ける中国経済の賃金利潤曲線を描画する．賃金利潤曲線を長期と短期に分けて，1987 年から 2000 年迄の中国経済の短期及び長期的特徴を明かにする．

　本章では，一般公表又は利用可能なデータ等を記述する為に，以下の記号を使用する．

---

* 本章は，Li (2011b) に一部加筆，修正を加えたものである．

$X = (X_{ij})$ ：中間投入, $n \times n$,
$C = (C_i)$ ：消費, $n \times 1$,
$S_0 = (S_i)$ ：資本形成, $n \times 1$,
$W = (W_j)$ ：賃金, $1 \times n$,
$V = (V_j)$ ：利潤, $1 \times n$,
$T = (T_j)$ ：税金, $1 \times n$,
$S = (S_{ij})$ ：部門 j への固定資本 i の粗投資, $n \times n$,
N_0 ：総労働人口,
h ：一人当りの年間労働時間.

6.2 Sraffa-Fujimori 方式—限界固定資本係数の推計

6.2.1 基本的枠組

第 1 章 1.2 節で明らかにした様に，置塩・中谷 (1975) は中古固定資本を含む Marx-Sraffa 結合生産体系を，次の様な，新品財のみからなる Leontief 型の生産体系に縮約した．以下，本章に必要な限り再録する．

(6.1) $$p = pM(r),$$
(6.2) $$M(r) = (\widehat{\psi}(r) + rI)K + (1+r)(A + FL),$$

但し，p, A, K, F, L, r は各々新品財のみの生産価格ベクトル，中間投入係数行列，固定資本投入係数行列，賃金財の束，労働投入ベクトル，均等利潤率である．$\widehat{\psi}(r)$ は減価償却率 $\psi_i(r)$ を対角要素に並べた対角行列である．固定資本財 i の耐用年数を τ_i とすると，減価償却率 $\psi_i(r)$ は，従前通り，
$$\psi_i(r) = \left(\sum_{h=0}^{\tau_i - 1}(1+r)^h\right)^{-1}$$
と定義される．

不生産的消費を捨象すると，Marx-Sraffa 操業水準体系を同様に新品財のみからなる Leontief 型の産出量体系 (SON) に縮約出来る．生産価格均衡式 (6.1) に対応する産出量均衡式は，

(6.3) $$q = M(g)q$$

となる．但し，q, g は各々新品財のみの産出量ベクトル，斉一成長率で，$g = r$ である．

Perron-Frobenius 定理より，明らかに

$$\lambda_{M(g)} = \lambda_{M(r)} = 1$$

となる事が判る．

さて，現実には K はデータとして存在していない．固定資本に関するデータは，現実の産業連関データの中から粗投資行列のデータしか利用出来ない．それ故，如何に固定資本の粗投資データから上述の理論模型に於ける固定資本投入係数行列 K を推計するか，次に具体的に示す．

6.2.2 限界固定資本係数の推計方法

利潤率の変動が輸出や輸入等のマクロ的要因に影響を及ぼさないと仮定し，需要ベースを考える．

産業連関表の中間投入 X_{ij}，最終需要 Y_i，総産出 X_i は，以下の関係を満たす．

$$X_i = \sum_{j=1}^{n} X_{ij} + Y_i.$$

投入係数行列 $A = (a_{ij})$ は，

$$a_{ij} = \frac{X_{ij}}{X_j}$$

として求められる．

ここで，産出量を z，投資を I，消費を C とすれば，産業連関表から，

(6.4) $$z = Az + I + C$$

が得られる．

以下，現実の経済の中に潜む Sraffa の標準体系の成長率を求める．最終需要項目の中で消費 C は全て投資 I に均等に振り向けられると想定する．

投資 I は在庫投資と固定資本の粗投資との合計である．

在庫投資は非耐久財の蓄積と看做して良いので，成長率が g である場合，gAz となる．

他方，固定資本の粗投資は，純投資分と減価償却分（更新投資）とに分けられるから，純投資分は gKz であり，減価償却分は $\widehat{\psi}(g)Kz$ となる．K は直接計算出来ないので，限界値を推計する．

純投資行列を ΔK，産出量の増分ベクトルを ΔX とすれば，この時の限界固定資本係数 k_{ij}^* は，

$$(6.5) \qquad k_{ij}^* = \frac{\Delta K_{ij}}{\Delta X_j}$$

になる．ここで，大きな技術進歩がないと仮定する．$k_{ij} = k_{ij}^*$ と考えて良い．以下，k_{ij}^* を固定資本投入係数 k_{ij} の代わりに使用する．産出量の増分を $\Delta X = gX$ と看做して良い．

粗投資に占める純投資の割合 γ_i は，

$$(6.6) \qquad \gamma_i = 1 - \frac{1}{(1+g)^{\tau_i}}$$

と定義出来るから，純投資行列を $\widehat{\gamma}S$ として良い．[1]

これより，限界固定資本係数 k_{ij}^* は，

$$(6.7) \qquad k_{ij}^* = \frac{\gamma_i S_{ij}}{gX_j}$$

となる．この計算では，k_{ij}^* は斉一成長率 g に依存する．

(6.4) は，$K^*(g) = (k_{ij}^*)$ として，

$$(6.8) \qquad z = M(g)z,$$

---

[1] 不生産的消費を捨象する経済では，均等利潤率 r と斉一成長率 g が一致する．$\gamma_i(g) = \gamma_i(r)$ である．

(6.9) $$M(g) = (\widehat{\psi}(g) + gI)K^*(g) + (1+g)A,$$

に置き換えられる．もし $\lambda_{M(g)} = 1$ ならば，その時の g が求める最大成長率 g^* である．

以下，g^* の計算手順を示す．

(1) 適当な十分小なる初期値 $g_0 > 0$ を取る．Marx 基本定理の成立を仮定しているので，$g > 0$ は必ず存在する．(6.9) の $M(g)$ の Perron-Frobenius 根 $\lambda_{M(g)}$ を順に求める．

(2) $\frac{d}{dg}M(g) > O$ より，$M(g)$ は g の増加関数である．従って，Perron-Frobenius 定理より，

$$g_t < g_{t+1} \iff M(g_t) < M(g_{t+1}) \iff \lambda_{M(g_t)} < \lambda_{M(g_{t+1})}$$

であるから，λ も g の増加関数となる．

$g_{max} = \frac{1}{\lambda_A} - 1$ とする．$|g_t| < g_{max}$ より，g_t は有界である．

今，$\lambda_{M(g)} < 1$ ならば g の値を増加させ，$\lambda_{M(g)} > 1$ ならば g の値を減少させる．任意の定数 $\beta > 0$ を取り，

$$g_{t+1} = \delta(g_t) = g_t + \beta(1 - \lambda_{M(g_t)})$$

として，点列 $\{g_0, g_1, g_2, \cdots\}$ を作る．

(6.10) $$\frac{dg_{t+1}}{dg_t} = 1 - \beta\frac{d}{dg_t}\lambda_{M(g_t)} < 1$$

であるから，0 に近い g_t を取ると，次の g_{t+1} は 45° 線の上に来る．$\delta(g_t)$ は上から下へ 45° 線を横切る．

g_{t+1} と g_t との関係は，図 6.1 の通りに表現出来る．$1 - \lambda_{M(g_t)} = 0$ となる時，$g_{t+1} = g_t = g^*$ が求められる．$g_{t+1} = \delta(g_t)$ は，不動点 $g_{t+1} = g_t = g^*$ を有する．(6.10) より，この不動点は安定である．数値計算の挟撃法 (高橋 (1996)) でこの不動点を探索出来る．

図 6.1　g_{t+1} と g_t の関係

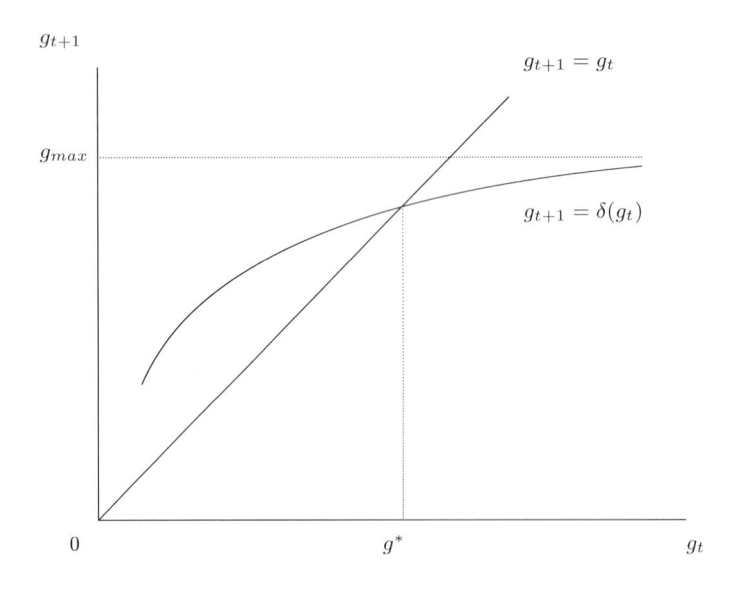

(3) g^* が確定されたならば，限界固定資本係数行列は次のように求められる．

(6.11) $$K^* = \left(k_{ij}^*(g^*)\right).$$

本章では，中国国家統計局が公表した 1987 年，1990 年，1992 年，1995 年の 33 部門中国産業連関表，1997 年，2000 年の 40 部門表を，全て 24 部門表に統合した．[2] 粗投資行列データの基として使用したのは，呂 (2007) の推計データを再整理したものである．固定資本耐用年数のデータは，中国財政部 (1992) 及び中華人民共和国国務院令第 512 号 (2007) の規定年数による．産業連関表の部門分類及び固定資本の耐用年数は，表 6.1 の通りである．

年間総労働人口は，中国国家統計局の『中国統計年鑑 2003』の公表データ，1 人当りの年間労働時間は，国際労働事務局 (ILO) の『国際労働経済統計年鑑 2003』の公表データを使用している．

---

[2] 1987 年，1992 年，1997 年は基本表で，1990 年，1995 年，2000 年は延長表である．

表 6.1　中国産業連関表の部門分類と耐用年数

分類	部門名称	耐用年数
1	農業	16
2	鉱業	
3	食品・煙草	
4	繊維	
5	紙・パルプ	
6	電力・蒸気・熱湯供給（含水道）	
7	石油加工・石炭製品	
8	石炭ガス・石炭製品	
9	化学工業	
10	建築材料・非金属鉱物製品	
11	金属精錬・圧延加工	
12	金属製品	12
13	機械工業	17
14	輸送用機械	9
15	電気機械器具製造	17
16	精密機械	15
17	その他の工業	12
18	建設業	40
19	貨物運輸	13
20	商業	10
21	サービス	
22	金融・保険・不動産	
23	文教・衛生・科学研究	
24	政府機関	

註：耐用年数空欄の部門は非耐久的である．

表 6.2　基本指標 (1987–2000)

	1987	1990	1992	1995	1997	2000
最大潜在成長率（％）	40.3	35.5	31.9	30.3	30.5	26.6
マクロ限界資本/産出比率	0.873	1.003	1.420	1.587	1.397	2.195

　中国経済に於ける最大潜在成長率及び金額表示の S, X によるマクロ限界資本/産出比率 $\left(= \dfrac{\sum\sum \gamma_i S_{ij}}{\sum g X_j}\right)$ は表 6.2 の通りである．

6.3 von Neumann-Leontief 型賃金利潤曲線

6.3.1 基本概念

通常の生産工程に於いて，原材料等以外に，様々な耐用年数や年齢を有する固定資本が使用される．新品固定資本や中古固定資本を，それぞれ異る種類のものと区別される．この種の経済の均衡問題を，von Neumann 経済では次のように記述する (von Neumann (1945/46), Fujimoto (1975))．

(6.12) $\qquad \max\{pF \mid \dfrac{1}{1+r}pB \leqq pA + L, p \geqq \mathbf{0}\}.$

ここで，A を投入行列，B を産出行列，F を賃金財の束，L を労働投入ベクトル，r を均等利潤率，p を価格ベクトルとする．これは，名目賃金率 $w = pF$ を最大化するような線型計画問題である．

操業水準を x，斉一成長率 $g = r$ とすれば，(6.12) の双対問題は，以下の通りに表される．

(6.13) $\qquad \min\{Lx \mid \dfrac{1}{1+r}Bx \geqq Ax + F, x \geqq \mathbf{0}\}.$

この双対問題は，経済への労働投入を最小化するものである．

今，固定資本の耐用年数は，物理的なもので，外生的に与えられるとする．相異なる年齢にも拘らず固定資本の能率が不変であると想定すると，von Neumann 経済に於けるこの種の結合生産体系を，中古固定資本を一切含まず新品財のみからなる Leontief 系に縮約する事が出来る．ここで，von Neumann 経済から Leontief 経済に縮約したものを，von Neumann-Leontief 経済と呼ぶ．[3]

従って，(6.12) は以下の von Neumann-Leontief 型の標準最大化問題に表される．

(6.14) $\qquad \max\{pF \mid \dfrac{1}{1+r}p \leqq pA + L$
$\qquad\qquad\qquad + p\left(\dfrac{r}{1+r}I + \dfrac{1}{1+r}\widehat{\psi}(r)\right)K, p \geqq \mathbf{0}_m\},$

---

[3] SON と von Neumann-Leontief 経済との相違は，制約条件が等号か不等号か，非負解条件の有無に見られる．

但し，m 部門 m 財の線型計画問題に縮約された (6.14) では，A は $m \times m$ の（中間）投入行列，F は $m \times 1$ の消費財バスケット，L は $1 \times m$ の労働投入ベクトル，K は $m \times m$ の固定資本の投入行列，τ_i は固定資本 i の耐用年数，$\widehat{\psi}$ は固定資本 i の減価償却率 ψ_i を対角要素に並べた対角行列である．

利潤と（実質）賃金との関係は，利潤率と消費財バスケットの単位数の関係で表される．よって，賃金利潤曲線を，$\left(\frac{1}{pF}, r\right)$ で描画すれば良い．

同様に，資本家不消費の前提で，$g = r$ とすれば，固定資本を許容する線型計画問題 (6.14) の双対問題は，次の通りに表される．

$$(6.15) \quad \min\{Lq \mid \frac{1}{1+r}q \geq Aq + F + \left(\frac{r}{1+r}I + \frac{1}{1+r}\widehat{\psi}(r)\right)Kq,\ q \geq \mathbf{0}^m\}.$$

但し，q は産出量である．

この種の線型計画問題を短期と長期の視点から考える．長期では，固定資本の更新や純投資が一般的に行われるのに対し，短期では，固定資本の更新や純投資を無視して良い．即ち，短期に於いては固定資本の補填をしない．従って，(6.14) の短期線型計画問題を，

$$(6.16) \quad \max\{pF \mid \frac{1}{1+r}p \leq pA + L,\ p \geq \mathbf{0}\}$$

と出来る．$g = r$ ならば，短期双対問題は次の通りである．

$$(6.17) \quad \min\{Lq \mid \frac{1}{1+r}q \geq Aq + F,\ q \geq \mathbf{0}\}.$$

6.3.2　計算手順

(1) 賃金財の束 F，労働投入ベクトル L を求める．

先ず，年間総労働人口 N_0 と年間 1 人当りの労働時間 h の積は，年間総労働時間になるので，

$$H = N_0 h$$

となる.

1人当りの賃金財の束は消費÷総労働人口,即ち $\frac{C_i}{N_0}$ に等しいと看做して良いので,単位労働当りの賃金財は,

$$f_i = \frac{C_i}{H}$$

となる.賃金財の束は $F = (f_i)$ である.

他方,総付加価値 V_0 は,

$$V_0 = \sum_{j=1}^{n} W_j + \sum_{j=1}^{n} V_j + \sum_{j=1}^{n} T_j$$

である.単位価値当りの労働時間は $\frac{H}{V_0}$ と考えて良いので,部門 j に於ける労働時間は $(W_j + V_j + T_j)\frac{H}{V_0}$ になる.従って,1単位当りの生産に必要な労働投入は

$$l_j = \frac{H(W_j + V_j + T_j)}{V_0 X_j}$$

となる.労働投入ベクトルは $L = (l_j)$ である.

(2) 長期線型計画問題の最適解を求め,賃金利潤曲線を描画する.

$0 \leq r \leq g^*$ の範囲で r を変化させ,長期標準最大化問題 (6.14) を解き,その最適解 p^* を求める.

長期の賃金利潤関係は, $\left(\frac{1}{p^*F}, r\right)$ で表される.

(3) 短期線型計画問題の最適解を求め,賃金利潤曲線を描画する.

$0 \leq r \leq g_{max}$ の範囲で r を動かし,(6.16) の標準最大化問題の最適解 p^* を求める.

6.3.3 計算結果

限界固定資本係数が得られたので改めて中国経済の賃金利潤曲線を描く.von Neumann-Leontief 経済に於ける長期・短期の賃金利潤関係は,表 6.3 と表 6.4 の通りである.

第 6 章 限界固定資本係数と賃金利潤曲線

表 6.3 von Neumann-Leontief 経済での長期賃金利潤関係 (1987-2000)

r	1987	1990	1992	1995	1997	2000
	\multicolumn{6}{c}{$1/pF$}
0.00	1.790	1.849	1.935	1.904	1.958	1.889
0.02	1.701	1.752	1.815	1.781	1.836	1.754
0.04	1.613	1.656	1.695	1.658	1.715	1.619
0.06	1.526	1.561	1.577	1.535	1.593	1.482
0.08	1.441	1.466	1.459	1.413	1.472	1.345
0.10	1.356	1.372	1.341	1.291	1.351	1.207
0.12	1.272	1.278	1.224	1.169	1.230	1.068
0.14	1.188	1.184	1.107	1.047	1.108	0.929
0.16	1.105	1.089	0.989	0.925	0.985	0.788
0.18	1.022	0.993	0.872	0.802	0.860	0.645
0.20	0.939	0.896	0.753	0.678	0.734	0.501
0.22	0.855	0.797	0.633	0.552	0.604	0.353
0.24	0.771	0.695	0.511	0.424	0.472	0.201
0.26	0.686	0.590	0.387	0.293	0.334	0.045
0.28	0.600	0.480	0.260	0.158	0.191	
0.30	0.511	0.364	0.130	0.018	0.040	
0.32	0.420	0.240				
0.34	0.326	0.107				
0.36	0.228					
0.38	0.124					
0.40	0.014					

表 6.4 von Neumann-Leontief 経済での短期賃金利潤関係 (1987-2000)

r	1987	1990	1992	1995	1997	2000
	\multicolumn{6}{c}{$1/pF$}
0.00	1.868	1.929	2.103	2.065	2.096	2.062
0.05	1.685	1.729	1.867	1.825	1.854	1.813
0.10	1.518	1.546	1.649	1.604	1.631	1.582
0.15	1.365	1.376	1.447	1.399	1.425	1.367
0.20	1.223	1.219	1.258	1.208	1.232	1.166

0.25	1.093	1.071	1.080	1.028	1.051	0.976
0.30	0.971	0.932	0.911	0.858	0.879	0.796
0.35	0.857	0.799	0.751	0.696	0.715	0.622
0.40	0.750	0.672	0.596	0.540	0.557	0.454
0.45	0.648	0.548	0.445	0.389	0.404	0.290
0.50	0.552	0.426	0.298	0.241	0.252	0.128
0.55	0.460	0.304	0.152	0.095	0.102	
0.60	0.371	0.179	0.006			
0.65	0.285	0.050				
0.70	0.201					
0.75	0.117					
0.80	0.034					
g_{max}	0.820	0.668	0.602	0.582	0.583	0.539

註：g_{max} は短期の最大成長率（＝最大利潤率）である．

上述の試算に依って得られた 1987 年から 2000 年迄の賃金利潤曲線は，図 6.2–6.7 の通りである．比較の為，短期の曲線も示してある．

尚，賃金利潤曲線の図の中には，零賃金率の付近で切れているものが有る．これは，数値計算上，与えられた r がある一定の大きさを超えると，(6.14), (6.16) の様な線型計画の計算そのものが続行不能となるからである．因みに，実質賃金率 $\frac{1}{pF} \to 0$ となる様な r は経済に於ける最大利潤率である．

第 6 章 限界固定資本係数と賃金利潤曲線 123

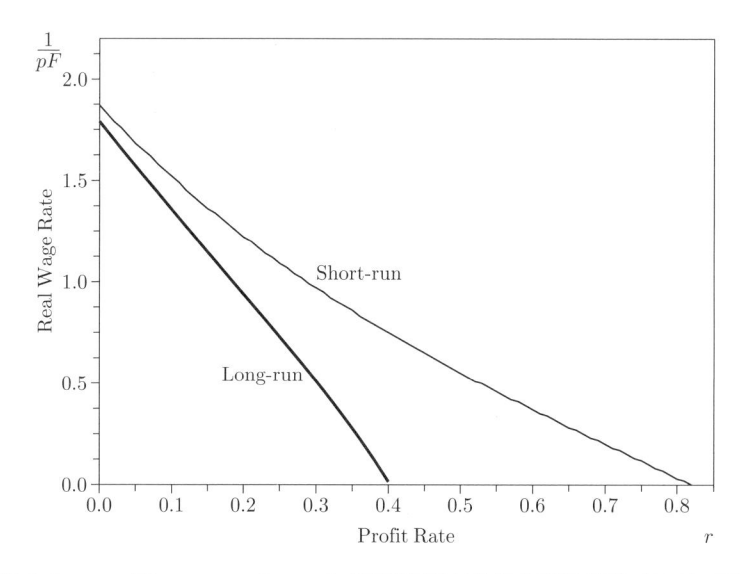

図 6.2 von Neumann-Leontief 経済に於ける賃金利潤曲線（1987 年）

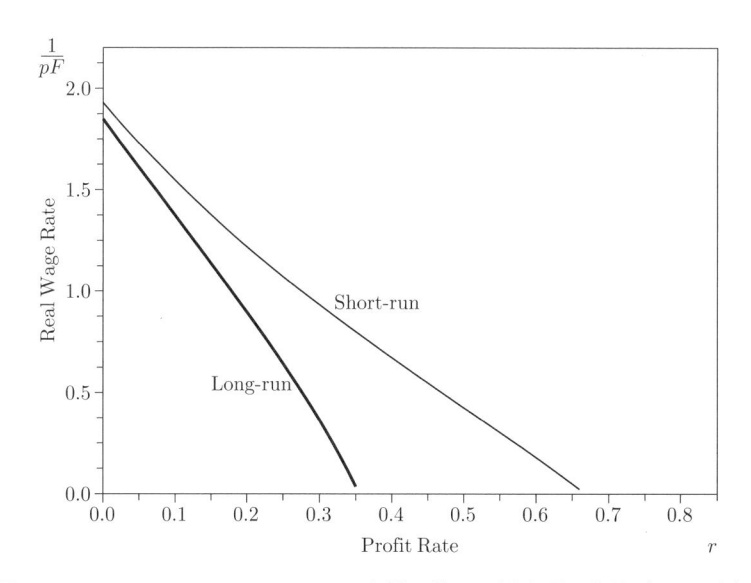

図 6.3 von Neumann-Leontief 経済に於ける賃金利潤曲線（1990 年）

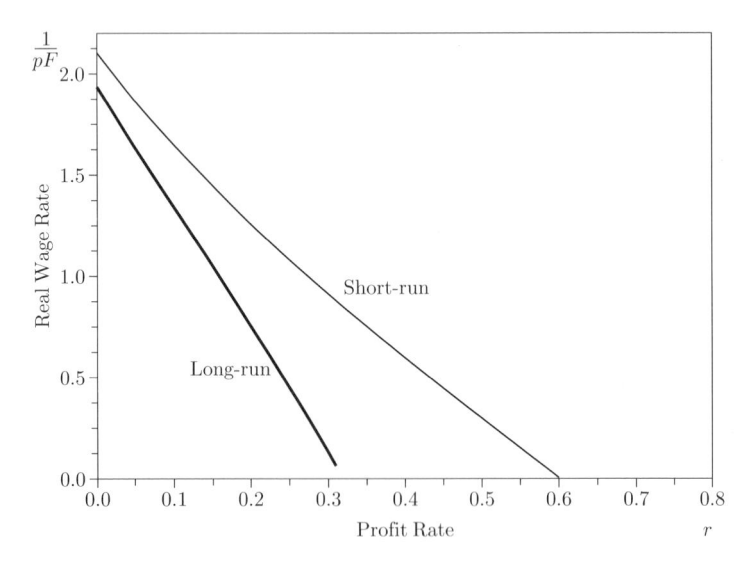

図 6.4 von Neumann-Leontief 経済に於ける賃金利潤曲線（1992 年）

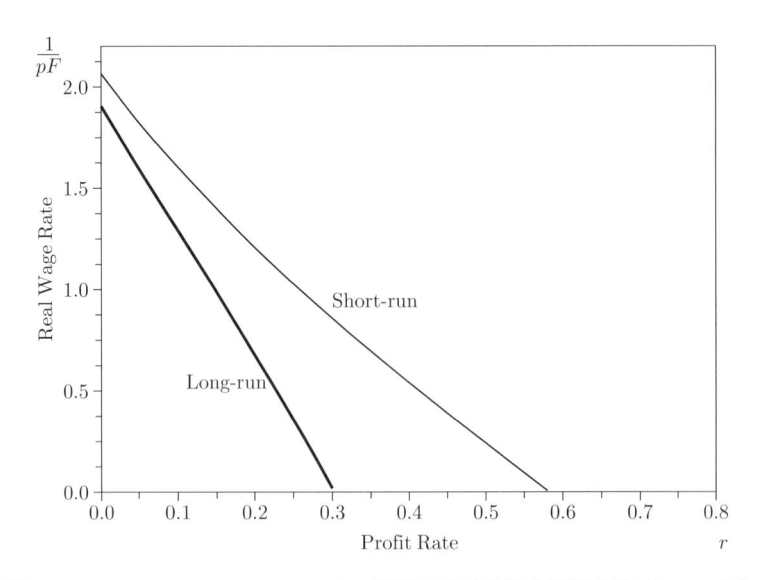

図 6.5 von Neumann-Leontief 経済に於ける賃金利潤曲線（1995 年）

第 6 章　限界固定資本係数と賃金利潤曲線　　125

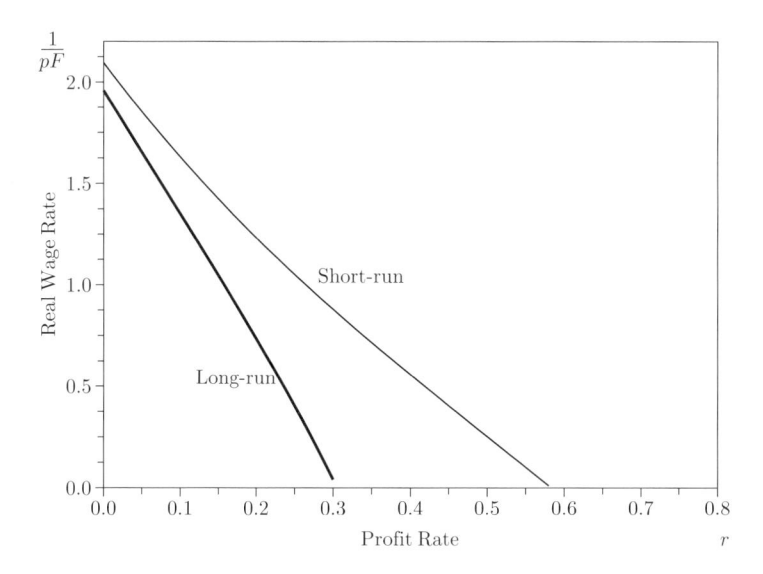

図 **6.6**　von Neumann-Leontief 経済に於ける賃金利潤曲線（**1997** 年）

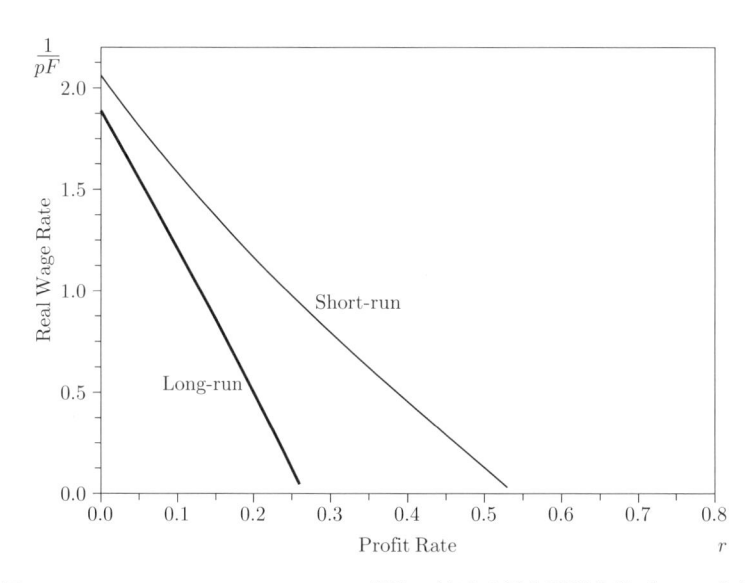

図 **6.7**　von Neumann-Leontief 経済に於ける賃金利潤曲線（**2000** 年）

6.4 結

　本章では，Sraffa-Fujimori 方式に依る中国の固定資本係数の推計や，中国経済に於ける von Neumann-Leontief 型賃金利潤曲線を中心に試算を行なってきた．

　理論的指標等の試算結果から，1980 年代から 2000 年代に亙る中国経済に就いて次の様な事が判明するであろう．

(1) 短期の最大利潤率及び長期の最大潜在成長率は下降する傾向にある．
(2) 最大実質賃金率は上昇傾向にある．
(3) 長期の賃金利潤曲線は徐々に左下区域にシフトしている．換言すると，長期的な利潤率は下降する傾向にある．
(4) 固定資本の補充を行なっている長期に比べ，補充をせずに固定資本の操業率を上げた短期の方がより高い利潤率をもたらす．そして，実質賃金率が下がれば下がる程，短期賃金利潤曲線と長期賃金利潤曲線との末広がりの範囲がどんどん大きくなり，つまり利潤率の差がどんどん広がっている．又，零利潤下に於いても，短期の実質賃金率と長期のそれとの間に開きが有る．これは短期に比べ長期の方はよりコスト等が掛かるからである．
(5) 限界資本/産出比率は，上昇する傾向にある．これは近年インフラ整備のような大型設備投資が増加しているからである．

　本章では，固定資本の能率不変等の前提に依る理論上の制約は否めないが，しかし現実の経済分析にとって，試算されたこれらの理論的指標は現実経済を解釈する上で，一定の重要な意義を有する．

第7章
労働価値と中国経済

7.1 序

周知のとおり，Marx は抽象的な人間の労働の量に基づく価値の概念から始め，所謂転形手順（即ち，価値の価格への，剰余価値の利潤への転形）によって，生産価格体系を確立した．生産価格体系は自己完結的であると，生産価格体系は価値体系を必要としないと主張されることもある．実際，生産価格の相対的比率は価値を考慮に入れることなく決定されるように外観上は見えるかもしれない．しかし，絶対的価格は生産価格体系の内部では決定され得ない．Marx の価値と生産価格の理論は，商品の労働価値と生産価格が商品生産の資本主義的経済の構造を反映する重要な要因であるということを示している．生産価格と価値の比率の計算，剰余価値率や資本の有機的構成に関し，置塩(1959), 置塩・中谷(1975), 中谷(1976), Wolff(1979), Parys(1982), Ochoa(1989), Okishio and Nakatani(1993) 等により多くの研究や分析が為され，近年では Tsoulfidis and Rieu(2006), Tsoulfidis and Mariolis(2007), Tsoulfidis(2008), Mariolis and Tsoulfidis(2009, 2010), Mariolis(2011) によるものがある．これ等全ての研究は固定資本なしの経済を扱っている．本論文では，固定資本を含む商品の生産価格と価値の計算を行う．固定資本の扱いは，第1章で検討したような，Sraffa(1960) の流儀に従う．具体的な計算の枠組は SON の枠組である．中国経済の固定資本係数に就いては，Sraffa-Fujimori 方式（第6章）で推計した．これは以下の計算のためのデータベースである．まず，固定資本経済における商品の価値と生産価格を計算する．

後に計算される生産価格は労働量の点から測られるため，価値と価格を比較することによって部門間の不平等な労働の交換について議論することが出来る．次に各部門の資本の有機的構成を計算する．固定資本が模型に含まれているため，ここでは各部門の固定資本-労働比率を引き続いて計算する．ここでは Spearman の順位相関係数分析を価値-価格比率の順位と資本の有機的構成の順位の組合せと価値-価格比率の順位と固定資本-労働比率の順位のものに適用して見る．

7.2 価値体系と生産価格体系

ここで分析の枠組と記号をまとめる．一度固定資本が考慮されれば，中古の固定資本は異なる商品として扱われるべきである．しかし，仮に経済が均衡にあるならば，中古の固定資本を含む原体系に於ける利潤-賃金と成長-消費の関係は新品の商品からのみ構成される部分系に於いても成立する．

7.2.1 記号と予備的注意

K を SON 経済の固定資本係数行列とする．A, L, F を各々投入係数行列，労働投入ベクトルと消費財束であるとする．それら全ては非負であると仮定する．w, p, x を各々価値ベクトル，生産価格ベクトルと産出ベクトルであるとする．正の生産価格の存在に関しては，正の利潤率の存在と共に保証されると仮定する．つまり，Marx の基本定理が有効であるという状況を仮定する．SON の枠組で固定資本を議論する際，減価償却率を考慮する必要がある．中古固定資本の削除は減価償却率の導入を必要とする．固定資本の減価償却率は利潤率 r の関数であり，$\psi(r) = \dfrac{1}{\sum_{j=0}^{\tau-1}(1+r)^j}$ によって表され，そこで τ は固定資本の耐久性を表す．

7.2.2 SON の価値・価値体系

これは以下のように表される：

(7.1) $$w = w(\widehat{\psi}(0)K + A) + L,$$
(7.2) $$\widehat{\psi}(0) = \mathrm{diag}\Big(\frac{1}{\tau_1}, \frac{1}{\tau_2}, \cdots, \frac{1}{\tau_n}\Big).$$

Marx 基本定理の成立を前提すれば，Perron-Frobenius 定理より $(I - \widehat{\psi}(0)K - A)^{-1} \geq O$ であるから，(7.1) より価値 w^* が決定される．

(7.3) $$w^* = L\bigl(I - \widehat{\psi}(0)K - A\bigr)^{-1}.$$

7.2.3 生産価格

SON の生産価格体系は以下の様に表される：

(7.4) $$p = pM(r),$$
(7.5) $$M(r) = (\widehat{\psi}(r) + rI)K + (1+r)(A + FL).$$

$M(r)$ は要素が r に依存している行列である．非負行列 $M(r)$ は Perron-Frobenius 固有値 1 と 1 に随伴する Perron-Frobenius 固有ベクトル p^1 を持たねばならない．均等利潤率 r^* はそれに応じて決定される．

上記は，生産価格 p^1 の相対的比が伸縮自在である事を意味している．今，商品の生産価格を正規化する際，Marx の総価値と総価格の等式を使用する．つまり，ここでは Marx の意味する総価値に等しい総価格を可能にするように絶対的生産価格を定義する：以下の等式を満たす定数 α を求める．

(7.6) $$wx = \alpha p^1 x.$$

絶対的生産価格ベクトルは以下のように決定される：

(7.7) $$p^* = \alpha p^1.$$

このような生産価格の正規化が労働で測定された生産価格をもたらすことに注目する．それ故，価値と生産価格の直接的比較は可能になる．かくして，

生産価格-価値比率 $\varepsilon = (\varepsilon_i)$ を下記によって測定することができる.

$$\varepsilon_i = \frac{p_i^*}{w_i^*}. \tag{7.8}$$

7.2.4 剰余価値率

剰余価値率 μ は, 固定資本を用いて, 以下の式によって得られる.

$$\mu = \frac{M_i}{V_i} = \frac{w(I - \widehat{\psi}(0)K - A - FL)x}{wFLx} = \frac{1}{wF} - 1. \tag{7.9}$$

計算結果は表 7.1 で示されている.

表 7.2 は, 計算期間内に於ける各部門の生産価格-価値比率を調べ, 全期間に互り 1 を超るか否か, 期間平均で見てどうか, これによって部門番号を分類し, 平均的な順位を求めたものである.

7.3 資本の有機的構成, 固定資本-労働比率と剰余価値率

Marx によれば, 商品の価値と生産価格間の関係は各部門の可変資本と不変資本の比率（即ち資本の有機的構成）によって影響されている. 耐久的生産手段がない場合, この比率は明白である. 問題はそこで固定資本をどのように扱うかである. この節では, Marx の資本の有機的構成又はその延長にあると考えられるであろう 2 種類の大きさを計算してみる.

7.3.1 資本の有機的構成

C と V を各々不変資本と可変資本であるとする. それ等から Marx によって資本の有機的構成とよばれる, 部門 i の $\frac{C_i}{V_i}$ 比率を得る. 即ち,

$$C = w(\widehat{\psi}(0)K + A), \tag{7.10}$$

$$V = wFL, \tag{7.11}$$

となり, 資本の有機的構成（ベクトル）$\xi = (\xi_i)$ は以下により得られる.

表 7.1　生産価格-価値比率の時系列

番号	部門名	1987	1990	1992	1995	1997	2000	平均
1	農業	0.7657	0.7300	0.7468	0.7619	0.7465	0.7724	0.7543
2	鉱業	1.0419	1.1080	1.0823	1.0214	0.9994	0.9533	1.0316
3	食料・煙草	0.9278	0.8705	0.8958	0.8434	0.8690	0.8643	0.8698
4	織物	1.0576	1.0438	1.0687	1.0602	0.9663	0.9780	1.0507
5	パルプ・紙製品	1.0336	1.0462	1.0405	1.0382	1.0022	1.0249	1.0359
6	電気・蒸気・熱湯	1.1799	1.2505	1.2099	1.1548	1.0846	1.0515	1.1674
7	石油・石炭	0.9921	1.1261	1.1393	1.0796	1.0698	1.0011	1.0747
8	石炭ガス・石炭製品	1.2539	1.2251	1.2175	1.2377	1.3859	1.1920	1.2314
9	化学製品	1.1090	1.1158	1.0842	1.0859	1.0505	1.0593	1.0851
10	非金属鉱物・製品	1.0360	1.0767	1.0493	1.0530	1.0516	1.0548	1.0523
11	金属冶金・加工	1.1407	1.2119	1.0966	1.1008	1.1832	1.1334	1.1371
12	金属製品	1.0936	1.1405	1.0957	1.0907	1.1378	1.1061	1.1009
13	一般機械	1.0944	1.1531	1.0727	1.0727	1.0536	1.0758	1.0743
14	輸送用機械	1.1610	1.2014	1.0947	1.1122	1.1073	1.0989	1.1097
15	電気機械	1.1483	1.1911	1.0981	1.0765	1.1244	1.0995	1.1120
16	精密機械	1.0849	1.1385	1.0580	1.0696	1.0630	1.0716	1.0706
17	その他工業製品	1.2074	1.1694	1.1159	1.2023	0.9986	1.0600	1.1427
18	建設	1.0773	1.0823	1.0344	1.0278	1.0382	1.0193	1.0363
19	輸送	1.1029	1.0170	1.1014	1.1510	1.2702	1.2135	1.1270
20	商業	1.0563	1.0921	0.9498	0.9047	0.9444	0.9251	0.9471
21	サービス	1.0165	1.0279	0.9493	0.9819	1.0223	0.9802	0.9992
22	金融・保険・不動産	0.7495	0.7555	0.9050	0.9583	0.9726	0.9379	0.9215
23	教育・保健・科学	1.0282	1.0063	0.9213	0.9445	0.9504	0.9303	0.9475
24	行政	1.2073	1.2233	1.1377	1.1959	1.2121	1.2030	1.2051
	合計	25.5658	26.0029	25.1651	25.2250	25.3040	24.8063	-
	均等利潤率	0.1852	0.1785	0.1581	0.1477	0.1574	0.1297	-
	剰余価値率	0.7901	0.8495	0.9349	0.9043	0.9583	0.8890	-

表 7.2　生産価格-価値比率による部門分類

$p^* > w^*$ (1987–2000)	5, 6, 8, 9, 10, 11, 12, 13, 14, 15, 16, 18, 19, 24
$p^* > w^*$ (平均)	2, 4 ,5 ,6, 7, 8, 9, 10, 11, 12, 13, 14, 15, 16, 17, 18, 19, 24
$p^* < w^*$ (平均)	1, 3, 20, 21, 22, 23
$p^* < w^*$ (1987–2000)	1, 3, 22
部門の平均順位	8, 24, 6, 17, 11, 19, 15, 14, 12, 9, 7, 13, 16, 10, 4, 18, 5, 2, 21, 23, 20, 22, 3, 1

$$\xi_i = \frac{C_i}{V_i}. \tag{7.12}$$

ここでは非耐久的生産手段の投入と固定資本の減価償却を見ている.

有機的構成の時系列を表にしたものが表 7.3 である.

表 7.3 有機的構成時系列

	1987	1990	1992	1995	1997	2000
1	0.7892	0.9025	1.1038	1.3051	1.3076	1.3753
2	1.6676	2.8933	3.1841	2.6010	2.3623	1.8500
3	5.7781	5.7744	6.3294	3.9073	5.6514	4.6914
4	5.6119	7.1540	8.6086	8.4599	5.1823	6.0557
5	3.8776	5.1029	6.0622	6.4413	4.8451	5.9826
6	1.6741	2.5746	4.0289	3.4484	2.7693	3.2709
7	1.8992	3.9718	6.1596	6.2614	7.6181	6.4722
8	11.7824	6.6350	10.9869	30.7003	9.6491	11.1885
9	4.2952	5.2747	6.1036	6.5346	5.9573	6.9035
10	2.7175	3.7632	4.3108	4.7054	4.8522	5.4835
11	3.9833	5.7959	5.7838	6.3853	9.1300	9.3554
12	3.7541	5.0137	6.6356	6.8651	7.0060	8.2497
13	3.5275	4.8376	5.5190	5.6561	4.1543	5.7535
14	4.6729	5.5952	6.0185	6.7519	5.8721	6.7124
15	4.6266	5.6203	6.4775	5.9481	6.8084	7.4435
16	2.6107	3.9660	4.4095	4.7139	4.5092	6.0172
17	4.3528	6.1254	7.4448	8.1948	4.4777	6.3366
18	4.1583	4.1174	4.8200	4.7576	4.8239	5.1735
19	1.5805	1.4684	2.6421	2.8081	3.3092	3.6006
20	2.0674	3.1745	2.4622	1.6945	2.1773	2.4234
21	2.3650	2.7547	2.6239	2.5375	3.6566	3.6738
22	0.1653	0.2065	1.8837	1.4352	1.5350	1.2418
23	2.3479	2.3693	2.0039	2.0648	2.4547	2.1836
24	1.4412	1.4809	3.1086	3.3134	3.5739	3.4291

7.3.2 固定資本-労働比率

各部門の新品商品一単位当り固定資本価値は $\mathcal{K}(=wK)$, それ故, 固定資

本-労働比率 (δ_i) は以下のように表される:

(7.13) $$\delta_i = \frac{\mathcal{K}_i}{L_i}.$$

表 7.4　固定資本-労働比率の時系列

	1987	1990	1992	1995	1997	2000
1	0.1959	0.1834	0.2959	0.2471	0.1238	0.3536
2	1.4518	1.6793	3.0327	2.2796	1.7471	2.2011
3	0.3060	0.3024	0.6887	0.4608	0.4524	0.8676
4	0.5160	0.5637	1.2948	0.9517	0.5643	0.8033
5	0.3120	0.3632	0.7610	0.7469	0.6217	1.3189
6	3.3463	4.0505	6.4106	5.5310	3.1232	3.8296
7	0.8429	1.4882	3.1976	2.3726	0.8789	1.3631
8	3.7692	2.4883	5.8766	15.1397	14.3299	10.2654
9	1.4114	1.5054	1.6388	1.5655	0.9232	1.6652
10	0.5535	0.5162	1.1983	1.2856	0.9692	2.0607
11	1.0552	1.3011	1.2695	1.4935	2.0650	2.6338
12	0.3203	0.3529	0.5516	0.6501	0.5247	1.1209
13	0.6289	0.7477	0.8595	0.9363	0.7221	1.2990
14	1.0153	1.2245	1.4691	1.6275	0.9441	1.4832
15	0.8680	1.0883	1.2329	0.9318	0.7228	0.8615
16	1.2090	1.1014	1.7109	2.0120	0.8463	1.2460
17	2.6719	1.1279	2.6212	8.3607	0.8309	3.3747
18	0.0762	0.0861	0.2728	0.2670	0.2375	0.3904
19	2.4442	1.4732	3.9915	5.5386	7.3823	9.2465
20	2.5219	3.2255	1.0273	1.1012	1.1984	1.0337
21	1.3989	1.8190	1.2634	2.2901	2.0358	2.0157
22	0.6311	0.8685	0.8418	2.2181	2.1580	2.7193
23	0.7592	0.7356	0.8511	1.2373	0.8782	1.3250
24	3.8823	4.2782	4.8007	6.4836	5.9876	8.2840

7.4　Spearman の順位相関係数

固定資本のない Marx の再生産の単純な 2 部門模型に於いて，より高い資

本の有機的構成で生産される商品の生産価格が商品の価値を超えると推測できる．しかし，多部門模型に於いて，類似する理論的結果を引き出すことは簡単ではない．理論的分析の代わりに，部門の資本の有機的構成の順位と生産価格-価値比率の順位間の相関関係が在るか否かを調べてみよう．これに加え，部門の固定資本-労働比率順位を考慮する．この結果は以下表 7.5 でまとめられる．

ここでの観測においては，ρ_2 は ρ_1 より大きいようにみえる．但し，ρ_1 と ρ_2 は各々 (ε, ξ) と (ε, δ) に関する Spearman の順位相関係数を表す．

表 7.5　Spearman の順位相関係数

	1987	1990	1992	1995	1997	2000
ρ_1	0.4947	0.4790	0.5901	0.5253	0.5826	0.5946
ρ_2	0.6077	0.4953	0.6876	0.6537	0.7451	0.6601

7.5　結

これまで中国経済に於ける主要 24 部門の枠組内で商品価値を計算してきた．これ等の計算結果は以下のように要約される．

(1) 表 7.1 と表 7.2 は，部門 5（パルプと紙），6（電気，蒸気，熱湯），8（石炭ガス，石炭製品），9（化学製品），10（非金属鉱物製品），11（金属製錬加工），12（金属製品），13（一般機械），14（輸送用機械），15（電気機械），16（精密機械），18（建設），19（輸送），24（行政）に於ける生産価格が価値より大きいことを示している．しかるに，たとえ 1980 年代から 2000 年までの平均をとって見たとしても，部門 1（農業），3（食品，煙草），22（金融，保険，不動産）の生産価格は価値より小さい．農業における生産価格-価値比率が最も低く示されており，それは農業部門が他の部門と労働の不等価交換に直面していることを

示している.

(2) 表 7.3 と表 7.4 より，農業部門は労働集約型であるけれども，他の産業部門の一部は非常に資本集約的であると判る．それは農業の機械化が今までに大きく前進しでいないことを意味する.

(3) 統計分析に関しては，Spearman の順位相関係数 ρ_1 と ρ_2 が 0.4 より大きいため，表 7.5 から見られるように，生産価格-価値比率が資本や固定資本-労働比率と資本の有機的構成と（むしろ強い）相関関係があることが明白になる．更に，生産価格-価値比率の順位に対して固定資本-労働比率の順位は，資本の有機的構成よりも，より強い相関関係を示して居る．これは，価格-価値比率を考慮する際，固定資本のストックを見なければならないことを示唆している.

(4) 1987 年から 2000 年に，生産価格-価値比率，資本の有機的構成と固定資本-労働比率が中国経済において類似の傾向を示しているように思える．上記の (1) と (2) は，中国の農業が Marx 経済学の角度からは深刻な問題に直面していることを示していると言えよう.

上記に加え，同期間に剰余価値率が上昇する傾向にあったにも拘らず，均等利潤率の下落傾向は，1980 年代から 2000 年まで注目に値すると言える．これに関する理由は慎重に探求されるべきであるが，少なくとも当該期間の固定資本の加速的な投資と関係しているであろう．

第8章
Marx-Sraffa-von Neumann模型と中国経済

8.1 序

第3章で見られた様に，等式を基礎とする模型は，財の需給一致の前提に基づく分析である．Moore-Penroseの擬次逆行列の応用計算から，厳密な等式を想定するMarx-Sraffa均衡の類は不安定な均衡点しか有しない事が明らかである．即ち，この種の生産価格均衡も数量均衡も不安定であると云う動学的不安定性を有する．

本章では，第3章と同様，結合生産を許容する工程の集合を基礎として，賃金前払いの多部門線型経済模型であるが，財の需給一致条件を緩めて，次期の需要（投入）は今期の供給（産出）を上回らないと云う不等式条件で均衡を定義する．この様な枠組をMarx-Sraffa-von Neumann模型と呼ぶ．[1]

先ず，数期にわたる需給条件の下，最終期の消費財の束の組数を最大化すると云うКанторович (1959)の展望計画論を経済計画への応用を議論するものに変形し，標準最大化問題とその双対問題を検討する．そして，理論的にКанторович模型とDOSSO模型との実質的同一性を，2期に亙る線型計画問題を用いて示す．当然ながら，ここでの多部門に依る計算は，第5章の2部門での計算を具体的に示すものになる．

次に，固定資本の有する特殊な性質を考慮して固定資本の束縛や，人口動

---

[1] 結合生産，Sraffaやvon Neumann経済に関する詳しい議論は，数多く存在する．例えばBruckmann and Weber (1971), Woods (1990), Bharadwaj and Schefold (1990), Salvadori and Steedman (1990), Bidard and Erreygers (1998), Bidard (2000) 等が挙げられる．線型経済模型についての一般的な議論は，Dorfman, Samuelson and Solow (1958) (DOSSO), Gale (1960) 等の代表的なものがある．

態の経済活動への影響を考慮して労働資源制約を追加条件として，最適計画に加えて束縛無しの状態に比較する．

最後に，Sraffa-Fujimori 方式（第6章）で推計された中国の（限界）固定資本等のデータを用いて，これらの理論模型に適用し現実の中国経済への応用計算を行ない，その中長期的特徴を明らかにする．尚，新品財のみの体系に於ける係数等から Канторович 展望計画論で使用される中古固定資本財を含む体系に於ける係数への逆算方法は，置塩・中谷 (1975) の方法を採用する．

8.2 Канторович 展望計画論

直接間接の投入を表す投入行列を M，操業水準を x，産出行列を B とする．投入量 Mx は初期賦存量を越えて投入される事がない．初期賦存量を $d(0)$ とすれば，

(8.1) $$Mx(1) \leqq d(0).$$

計画中間期に於いては，ある期に於ける必要投入量は前期の産出量であると云う資源制約条件を導入する．故に，t 期の産出 $Bx(t)$ は次期の投入になるとすれば，$t+1$ 期に於ける投入 $Mx(t+1)$ は次の式を満たさなければならない．即ち，

(8.2) $$Bx(t) \geqq Mx(t+1).$$

中間期に於いては，この制約条件のみが有効である．計画の最終期に，追加の最終生産物の所定比率 $\boldsymbol{a} = {}^t(\alpha_1, \cdots, \alpha_r)$ での最大化が与えられる．

(8.3) $$Bx(t) \geqq \boldsymbol{a}k.$$

但し，k は最終生産物の組数である．

以上の条件を，最終期までまとめると，

$$
(8.4) \quad \begin{pmatrix} M & O & O & \cdots & O & \mathbf{0} \\ -B & M & O & \cdots & O & \mathbf{0} \\ O & -B & M & \cdots & O & \mathbf{0} \\ \vdots & \ddots & \ddots & \ddots & \vdots & \vdots \\ O & \cdots & O & -B & M & \mathbf{0} \\ O & \cdots & \cdots & O & -B & \boldsymbol{a} \end{pmatrix} \begin{pmatrix} x(1) \\ x(2) \\ \vdots \\ \vdots \\ x(t) \\ k \end{pmatrix} \leqq \begin{pmatrix} d(0) \\ \mathbf{0} \\ \vdots \\ \vdots \\ \vdots \\ \mathbf{0} \end{pmatrix}
$$

が得られる．

以上の (8.4) の係数行列を G，変数ベクトルを $\boldsymbol{x}(t)$，右辺の定数項ベクトルを $\boldsymbol{d}$ とする．即ち，

$$
G = \begin{pmatrix} M & O & O & \cdots & O & \mathbf{0} \\ -B & M & O & \cdots & O & \mathbf{0} \\ O & -B & M & \cdots & O & \mathbf{0} \\ \vdots & \ddots & \ddots & \ddots & \vdots & \vdots \\ O & \cdots & O & -B & M & \mathbf{0} \\ O & \cdots & \cdots & O & -B & \boldsymbol{a} \end{pmatrix}, \boldsymbol{x}(t) = \begin{pmatrix} x(1) \\ x(2) \\ \vdots \\ \vdots \\ x(t) \\ k \end{pmatrix}, \boldsymbol{d} = \begin{pmatrix} d(0) \\ \mathbf{0} \\ \vdots \\ \vdots \\ \vdots \\ \mathbf{0} \end{pmatrix}.
$$

かくして，制約条件を下記のように表記出来る．

$$(8.5) \quad G\boldsymbol{x}(t) \leqq \boldsymbol{d}.$$

目的関数は k である為，変数ベクトルに対して，

$$(8.6) \quad \boldsymbol{v} = \begin{pmatrix} 0 & \cdots & 0 & 1 \end{pmatrix}$$

とすれば，目的関数は $\boldsymbol{v}\boldsymbol{x}(t)$ と表現出来る．

従って，次のような線型計画問題を得る．

$$(8.7) \quad \max\{\boldsymbol{v}\boldsymbol{x}(t) \mid G\boldsymbol{x}(t) \leqq \boldsymbol{d}, \boldsymbol{x}(t) \geqq \mathbf{0}\}.$$

この種の問題の経済的意味としては,将来の資本設備の整備や,消費生活に多大な影響を与える社会資本基盤整備の計画が考えられる.

(8.7) の双対問題は,

$$(8.8) \quad \min\{\boldsymbol{u}(t)\boldsymbol{d} \mid \boldsymbol{u}(t)G \geqq \boldsymbol{v}, \boldsymbol{u}(t) \geqq \boldsymbol{0}\}$$

となる.$\boldsymbol{u}(t)$ は双対変数である.これは,計画の達成を判定する為の評価を行う,所謂潜在価格である.

8.3 DOSSO 模型

8.3.1 DOSSO 型 Turnpike 経路

産出行列 B,投入行列 A,労働ベクトル L を有する経済を想定する.賃金財ベクトルを F とする.t 期の生産工程の操業水準を $x(t)$ とすれば,産出量(供給量)は $Bx(t)$ である.次期の投入量(需要量)が今期の産出量(供給量)を上回らないという前提条件を設ける.即ち,

$$(8.9) \quad Bx(t) \geqq Mx(t+1).$$

この不等式が複数年にわたって継続されるとすれば,(8.9) は

$$(8.10) \quad \begin{pmatrix} M & O & O & \cdots & O & O \\ -B & M & O & \cdots & O & O \\ O & -B & M & \cdots & O & O \\ \vdots & \ddots & \ddots & \ddots & \vdots & \vdots \\ O & \cdots & O & -B & M & O \\ O & \cdots & \cdots & O & -B & M \end{pmatrix} \begin{pmatrix} x(1) \\ x(2) \\ \vdots \\ \vdots \\ x(t) \end{pmatrix} \leqq \begin{pmatrix} d(0) \\ \boldsymbol{0} \\ \vdots \\ \vdots \\ \boldsymbol{0} \end{pmatrix}$$

に拡大される.$d(0)$ は初期条件である.

(8.10) の係数行列,定数項,変数ベクトルを,各々 G,$\boldsymbol{d}$,$\boldsymbol{x}(t)$ と記すと,

$$(8.11) \quad G\boldsymbol{x}(t) \leqq \boldsymbol{d}.$$

計画の目標として，$x(t)$ の一定の比重和を最大化するものとする．

例えば，目的関数の係数ベクトル $v = \begin{pmatrix} \mathbf{0} & \cdots & \mathbf{0} & 1 & \cdots & 1 \end{pmatrix}$ として，最終年度に於ける消費財生産数量の和を最大化する様な最適化問題は，

$$\max\{vx(t) \mid Gx(t) \leq d, x(t) \geq \mathbf{0}\} \tag{8.12}$$

となる．(8.12) の双対問題は，

$$\min\{y(t)d \mid y(t)G \geq v, y(t) \geq \mathbf{0}\}, \tag{8.13}$$

但し，$y(t) = \begin{pmatrix} p(1) & p(2) & \cdots & p(t) \end{pmatrix}$ である．

ここで注意すべきは，同じ計画期間であれば，係数行列の次元に就いては，Канторович 模型の係数行列の方が，DOSSO 模型のそれより，1 段分（B の行数分）行数が多く，1 列分列数が大きい．

8.3.2 DOSSO 模型と Канторович 模型の類似性と差異

本節では，2 期の計画期間を使って，DOSSO 模型と Канторович 模型との実質的な同一性を示す．

先ず，DOSSO 模型の 2 期に亙る制約式 (8.10) は次の様に表される．

$$\begin{pmatrix} M & O \\ -B & M \end{pmatrix} \begin{pmatrix} x(1) \\ x(2) \end{pmatrix} \leq \begin{pmatrix} d(0) \\ \mathbf{0} \end{pmatrix}. \tag{8.14}$$

変数ベクトルを $x_d = \begin{pmatrix} x(1) \\ x(2) \end{pmatrix}$，目的関数の係数ベクトルを $v_d = \begin{pmatrix} \mathbf{0} & 1 & \cdots & 1 \end{pmatrix}$ とすれば，標準最大化問題は，

$$\max\left\{v_d x_d \;\middle|\; \begin{pmatrix} M & O \\ -B & M \end{pmatrix} x_d \leq \begin{pmatrix} d(0) \\ \mathbf{0} \end{pmatrix}, x_d \geq \mathbf{0}\right\}. \tag{8.15}$$

他方，Канторович 模型の 2 期に亙る制約式 (8.4) は次の様になる．

(8.16) $\begin{pmatrix} M & O & \mathbf{0} \\ -B & M & \mathbf{0} \\ O & -B & \mathbf{a} \end{pmatrix} \begin{pmatrix} x(1) \\ x(2) \\ k \end{pmatrix} \leqq \begin{pmatrix} d(0) \\ \mathbf{0} \\ \mathbf{0} \end{pmatrix}.$

この時の目的関数の係数ベクトルを $\boldsymbol{v}_k = \begin{pmatrix} \mathbf{0} & 1 \end{pmatrix}$, 変数ベクトルを $\boldsymbol{x}_k = \begin{pmatrix} x(1) \\ x(2) \\ k \end{pmatrix}$ と記せば, 標準最大化問題は,

(8.17) $\max\left\{ \boldsymbol{v}_k \boldsymbol{x}_k \ \middle| \ \begin{pmatrix} M & O & \mathbf{0} \\ -B & M & \mathbf{0} \\ O & -B & \mathbf{a} \end{pmatrix} \boldsymbol{x}_k \leqq \begin{pmatrix} d(0) \\ \mathbf{0} \\ \mathbf{0} \end{pmatrix}, \ \boldsymbol{x}_k \geqq \mathbf{0} \right\}$

となる.

ここで, (8.16) を変形すると,

(8.18) $\begin{pmatrix} M & O \\ -B & M \end{pmatrix} \begin{pmatrix} x(1) \\ x(2) \end{pmatrix} \leqq \begin{pmatrix} d(0) \\ Bx(2) - \boldsymbol{a}k \end{pmatrix}$

となる.

2期目(計画の最終期)に, 所定比率 $\boldsymbol{a}$ での最終生産物の最大化(即ち最終生産物の組数の最大化)可能とすると,

$$Bx(2) = \boldsymbol{a}k \Rightarrow k = \boldsymbol{a}^+ Bx(2)$$

を得る.[2]

かくして, (8.17) の目的関数 $\boldsymbol{v}_k \boldsymbol{x}_k$ を $\boldsymbol{v}_a \boldsymbol{x}_d$ に置き換える事が出来, 次式を得る. この時の目的関数の係数ベクトル $\boldsymbol{v}_a$ は,

---

[2] $\boldsymbol{a} \geq \mathbf{0}$ は列ベクトルであるから, 第3章の Moore-Penrose の擬似逆行列を応用すれば, 明らかに $\boldsymbol{a}^+ \boldsymbol{a} = 1$. $\boldsymbol{a}^+$ は行ベクトルである.

$$v_a = \begin{pmatrix} \mathbf{o} & a^+ \end{pmatrix} \begin{pmatrix} B & \\ & B \end{pmatrix} = \begin{pmatrix} \mathbf{o} & a^+ B \end{pmatrix}.$$

従って，Канторович 模型に於ける標準最大化問題 (8.17) を，次の様な線型計画問題に置き換える事が出来る．

$$(8.19) \qquad \max\left\{ v_a x_d \ \middle| \ \begin{pmatrix} M & O \\ -B & M \end{pmatrix} x_d \leqq \begin{pmatrix} d(0) \\ \mathbf{0} \end{pmatrix}, x_d \geqq \mathbf{0} \right\}.$$

明らかに，線型計画問題 (8.19) と (8.15) とは全く同じ類型である．[3]

v_a は a に応じて変化し得るので，DOSSO の Turnpike 模型と Канторович 展望計画模型とは，同類のものであると考えて良い．

尚，前述の通り，DOSSO 型 Turnpike の計算では，最終期に於ける消費財の総和を最大化すると云う目的関数を有するから，必ずしも全ての消費財が生産されるとは限らない．これは，全ての消費財が生産されると保証出来る Канторович 模型とは異なる点である．

以上の事を考慮して，次節では，Канторович の展望計画模型に従い，中国経済への幾つかの応用計算を試みる．

8.4 展望計画論に依る中国経済への応用計算

本節では，各年度の中国産業連関表を 6 部門に統合したものを使用する．固定資本財，原材料及び消費財等の部門分類は表 8.1 の通りである．

8.4.1 Канторович 生産数量経路

先ず，1995-1996 年，1997-1999 年の間に技術変化がないと仮定する．

新品財のみの K, A, F, L から，計算に使用される中古財を含む技術係数行列（矩形投入行列 M，矩形産出行列 B）を逆算して，以下の様に設定する．

---

[3] 中間期に於ける制約条件は実質的に同一であるから，双方の模型の結論は一致する．これが，強 Turnpike 定理の含意でもある．

表 8.1 固定資本，原料，消費財の部門分類と耐用年数

部門	内訳	耐用年数	年齢構成
1	農業	16 年	$0, \cdots, 15$ 歳
2	工業	16 年	$0, \cdots, 15$ 歳
3	建築	40 年	$0, \cdots, 39$ 歳
4	貨物運輸・郵政	10 年	$0, \cdots, 9$ 歳
5	商業・飲食業	8 年	$0, \cdots, 7$ 歳
6	非物質生産		

註：財 6 は非耐久財のみ．財 1-5 は非耐久的・耐久的目的に共用可．

$$M_{96} = M_{95},\ M_{98} = M_{97},\ M_{99} = M_{97},$$
$$B_{96} = B_{95},\ B_{98} = B_{97},\ B_{99} = B_{97}.$$

1995 年を初期年度として，1996 から 2000 年迄の 5 年計画を考える．即ち，

$$G = \begin{pmatrix} M_{96} & O & O & O & O & \mathbf{0} \\ -B_{96} & M_{97} & O & O & O & \mathbf{0} \\ O & -B_{97} & M_{98} & O & O & \mathbf{0} \\ O & O & -B_{98} & M_{99} & O & \mathbf{0} \\ O & O & O & -B_{99} & M_{00} & \mathbf{0} \\ O & O & O & O & -B_{00} & \mathbf{a} \end{pmatrix}$$

となる．固定資本の耐用年数の最小公倍数は l.c.m.(16, 16, 40, 10, 8) = 80 であるから，5 年計画の場合，G は 612×2401 次元である．

初期賦存値 $d(0)$（単位は 10^{12} 元）を，

$$d(0) = {}^t(0.03348,\ \mathbf{\circ},\ 0.92096,\ \mathbf{\circ},\ 0.43310,\ \mathbf{\circ},\ 0.01034,\ \mathbf{\circ},\ 0.47924,\ \mathbf{\circ}$$
$$1.10666,\ 6.74796,\ 0.04973,\ 0.43646,\ 1.06864,\ 0.29998$$
$$0.05389,\ 0.07140,\ 0.02364,\ 0.05366,\ 0.02279,\ 0.03068)$$

とするここで設定した初期条件は，初期時点に於ける中古固定資本が存在し

ない事を示した条件である．[4]

最終期の所望の生産物比率は次の通りとする．

$$a = {}^t\begin{pmatrix} 0.5 & \bullet & 0.5 & \bullet & 0.5 & \bullet & 0.5 & \bullet & 0.5 & \bullet & 0.75 & \cdots & 0.75 & 1 & \cdots & 1 \end{pmatrix}.$$

上述の線型計画問題を計画期間 5 期の下で解いてみる．最適解による年齢別の産出量比率 $q(t) = Bx(t)$ として，表 A.1-A.2 の様な結果が得られる．

表 A.1-A.2 から，計画最終期（2000 年）に於ける新品固定資本財，原材料，消費財の比率は所望の比率 a で生産されている事が判る．

8.4.2 Канторович 生産価格経路

双対問題 (8.8) を転置して，以下のように書き直せる．

$$(8.20) \qquad \min\{{}^t d z(t) \mid {}^t G z(t) \geqq {}^t v,\ z(t) \geqq 0\}.$$

同様に，計画期間を 5 期として，上の双対問題の解となる年齢別種類別の生産価格時系列は，表 A.3– A.5 の通りである．

8.4.3 最適計画に於ける追加条件：固定資本の束縛

固定資本は以下の性質を持っている．即ち，t 期に於ける 0 歳の固定資本は，$t+1$ 期には 1 歳の固定資本になると云う事である．謂わば，ある t 期に於ける i 歳の固定資本を装備した工程は，$t+1$ 期に於いては，$i+1$ 歳の固定資本を装備した生産工程になる．若し部門間での固定資本の移転が無いものとすれば，各々の操業水準を取ると，以下のような関係が成り立つ．つまり，0 歳の固定資本に関しては，

$$(8.21) \qquad x_1(t) \geqq x_2(t+1)$$

が成立し，同様に，i 歳の固定資本に於いて，

---

[4] 日本経済を対象に多部門最適化 (Turnpike) 模型を用いて，新品財のみの経済体系を分析したのは，Tsukui and Murakami (1979), 筑井・村上・他 (1973) がある．

(8.22) $$x_i(t) \geqq x_{i+1}(t+1)$$

が成立しなければならない．原材料及び消費財生産部門の生産工程に対しても同様である．此の制約条件を，固定資本束縛と呼ぶ．

計画の最終期迄表した固定資本束縛の係数行列 $\mathbb{S}$ を，

(8.23) $$\mathbb{S} = \begin{pmatrix} -I & 0 & \cdots & 0 & I & & & & 0 \\ & -I & 0 & \cdots & 0 & I & & & 0 \\ & & \ddots & \ddots & \ddots & \ddots & \ddots & & \vdots \\ & & & -I & 0 & \cdots & 0 & I & 0 \end{pmatrix}$$

と表現出来る．それ故，固定資本束縛を含む線型計画問題は以下のようになる．即ち，

(8.24) $$\max \left\{ \boldsymbol{vx}(t) \ \middle| \ \begin{pmatrix} G \\ \mathbb{S} \end{pmatrix} \boldsymbol{x}(t) \leqq \begin{pmatrix} \boldsymbol{d} \\ \boldsymbol{0} \end{pmatrix}, \ \boldsymbol{x}(t) \geqq \boldsymbol{0} \right\}.$$

(8.24) の双対問題は次のようになる．

(8.25) $$\min \left\{ \boldsymbol{y}(t) \begin{pmatrix} \boldsymbol{d} \\ \boldsymbol{0} \end{pmatrix} \ \middle| \ \boldsymbol{y}(t) \begin{pmatrix} G \\ \mathbb{S} \end{pmatrix} \geqq \boldsymbol{v}, \ \boldsymbol{y}(t) \geqq \boldsymbol{0} \right\}.$$

上のような固定資本束縛を考慮した計算を実行して，年齢別種類別産出量の試算結果を表 A.6-A.7 に示す．

表 A.6-A.7 から，固定資本束縛を付け加えない計算結果に比べ，生産数量比率については大きな誤差がないが，生産数量そのものは多少の低下がもたらされる事が判る．

因みに，固定資本束縛を付加した場合に於ける年齢別生産価格経路は，計画期間の途中から最終期にかけて，固定資本束縛を付加しない場合の年齢別生産価格経路と同じ軌道に辿っていく事が実際の計算で確認出来る．

8.4.4 労働資源制約を含む長期計画

労働資源の存在量の時間的推移が制約条件になる場合を検討する.

t 期の労働供給量 $N(t)$ を所与とする. t 期の労働必要量は $Lx(t)$ である為,

(8.26) $$Lx(t) \leqq N(t)$$

が労働資源の制約となる. 各年度に於ける労働係数を次の様に仮定する.

$$L_{96} = L_{95},\ L_{98} = L_{97},\ L_{99} = L_{97}.$$

上述の条件を計画の最終期迄表すと,

(8.27) $$\begin{pmatrix} L_{96} & 0 & 0 & 0 & 0 & 0 \\ 0 & L_{97} & 0 & 0 & 0 & 0 \\ 0 & 0 & L_{98} & 0 & 0 & 0 \\ 0 & 0 & 0 & L_{99} & 0 & 0 \\ 0 & 0 & 0 & 0 & L_{00} & 0 \end{pmatrix} \begin{pmatrix} x(1) \\ x(2) \\ x(3) \\ x(4) \\ x(5) \\ k \end{pmatrix} \leqq \begin{pmatrix} N(1) \\ N(2) \\ N(3) \\ N(4) \\ N(5) \end{pmatrix}$$

が得られる. ここで, 係数部分を

$$\mathbb{H} = \begin{pmatrix} L_{96} & 0 & 0 & 0 & 0 & 0 \\ 0 & L_{97} & 0 & 0 & 0 & 0 \\ 0 & 0 & L_{98} & 0 & 0 & 0 \\ 0 & 0 & 0 & L_{99} & 0 & 0 \\ 0 & 0 & 0 & 0 & L_{00} & 0 \end{pmatrix},\ \mathbb{N}(t) = \begin{pmatrix} N(1) \\ N(2) \\ N(3) \\ N(4) \\ N(5) \end{pmatrix}$$

とすると, 労働資源制約を付加した線型計画問題となる. 即ち,

(8.28) $$\max \left\{ \boldsymbol{vx}(t) \ \bigg| \ \begin{pmatrix} G \\ \mathbb{H} \end{pmatrix} \boldsymbol{x}(t) \leqq \begin{pmatrix} \boldsymbol{d} \\ \mathbb{N}(t) \end{pmatrix},\ \boldsymbol{x}(t) \geqq \boldsymbol{0} \right\}.$$

労働資源制約条件下に於ける Канторович 年齢別種類別産出量時系列は表

表 8.2　労働必要量の最適経路及び所与の労働供給量

年度	1995	1996	1997	1998	1999	2000
$Lx(t)$	693124.09	428214.52	429759.06	407444.83	553001.63	728129.45
$\mathbb{N}(t)$	693124.09	700085.47	706855.76	713290.91	720366.85	728129.45

労働供給量 N の出典：LABORSTA (http://laborsta.ilo.org)　　　　単位：千人

A.8-A.9 の通りである.

労働資源制約条件下での労働必要量の展望計画に於ける最適経路及び所与の労働供給量は表 8.2 の通りである.

実際の産業連関表が作成された年度の現実値と長期計画に於ける（新品財の）最適解とを比較したものは，表 8.3 及び図 8.1-8.3 の通りである.

表 8.3　Канторович 展望計画での最適解と現実値との比較（新品財）

部門		1995 Q_0	1997 現実値	Q^*	Q^*_K	Q^*_L	2000 現実値	Q^*	Q^*_K	Q^*_L
固定資本	1	0.03348	0.00041	0.23308	0.23300	0.00303	0.02994	0.54797	0.54778	0.00449
	2	0.92096	1.51673	1.78096	1.78033	0.02262	1.43884	0.54797	0.54778	0.00449
	3	0.43310	0.40455	0.01767	0.01647	0.00410	1.32926	0.54797	0.54778	0.00449
	4	0.01034	0.00096	0.08394	0.08537	0.00096	0.01998	0.54797	0.54778	0.00449
	5	0.47924	0.04474	0.27718	0.27708	0.00348	0.91835	0.54797	0.54778	0.00449
原材料	1	1.10666	1.34108	0.34963	0.34950	0.00455	1.39858	0.82195	0.82167	0.00673
	2	6.74796	8.68378	2.67144	2.67050	0.03393	11.7721	0.82195	0.82167	0.00673
	3	0.04973	0.10286	0.02650	0.02471	0.00615	0.13626	0.82195	0.82167	0.00673
	4	0.43646	0.39853	0.12591	0.12806	0.00144	0.54592	0.82195	0.82167	0.00673
	5	1.06864	1.43181	0.41577	0.41562	0.00523	1.99904	0.82195	0.82167	0.00673
	6	0.29998	0.45482	0.15712	0.15807	0.00147	0.67123	0.82195	0.82167	0.00673
消費財	1	0.05389	0.07064	0.46617	0.46600	0.00606	0.07995	1.09594	1.09555	0.00897
	2	0.07140	0.07560	3.56191	3.56066	0.04524	0.06603	1.09594	1.09555	0.00897
	3	0.02364	0.01929	0.03534	0.03295	0.00820	0.02225	1.09594	1.09555	0.00897
	4	0.05366	0.06174	0.16788	0.17074	0.00192	0.08031	1.09594	1.09555	0.00897
	5	0.02279	0.02294	0.55436	0.55416	0.00697	0.02858	1.09594	1.09555	0.00897
	6	0.03068	0.06257	0.20950	0.21076	0.00196	0.20405	1.09594	1.09555	0.00897

註：Q^*, Q^*_K（固定資本束縛），Q^*_L（労働資源制約）は最適解（新品）を表す．　　単位：10^{12} 元

第 8 章　Marx-Sraffa-von Neumann 模型と中国経済　　149

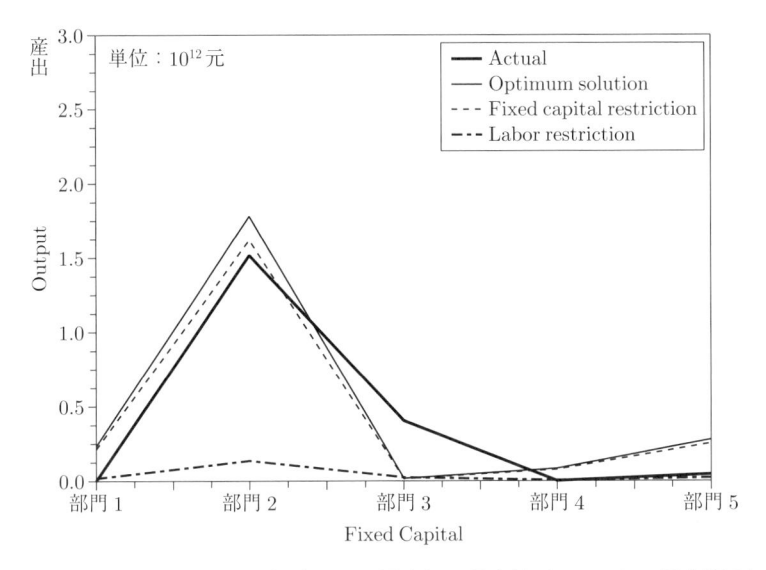

図 8.1　Канторович 展望計画での最適解と現実値（**1997** 年，固定資本）

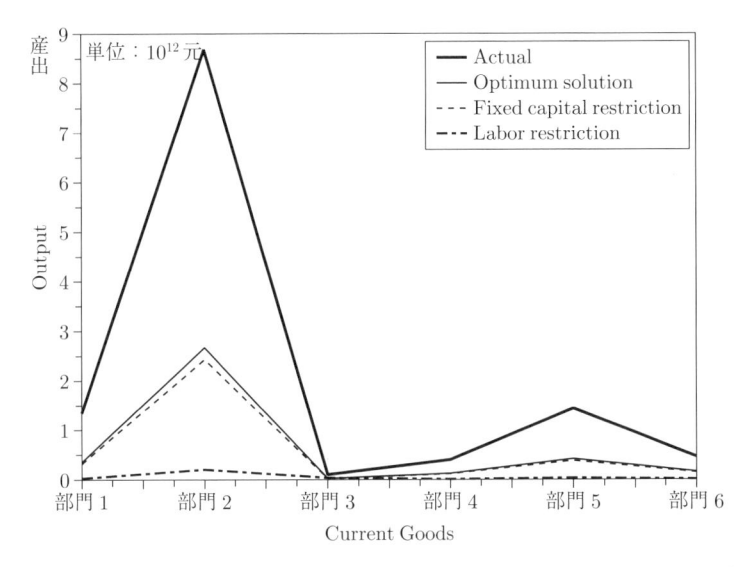

図 8.2　Канторович 展望計画での最適解と現実値（**1997** 年，原材料）

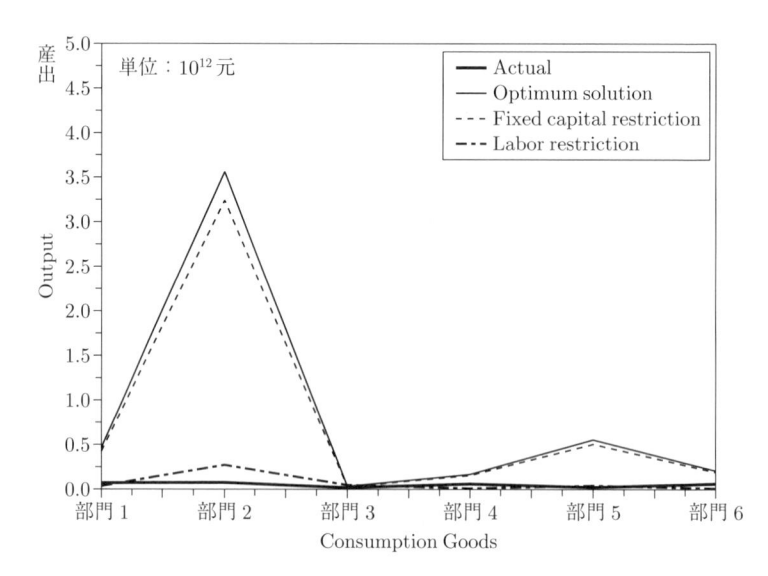

図 8.3 Канторович 展望計画での最適解と現実値（1997 年，消費財）

8.5 結

8.5.1 主な結論

本章では，Marx-Sraffa-von Neumann 模型の枠組を用いて理論的点検と応用計算を中心に分析を行った．

先ず，理論的には Канторович 模型と DOSSO 模型との同一性を示した．

次に，全ての消費財の生産が保証される様な Канторович 展望計画論を中心に，輸出入等を捨象して，中国経済への応用計算を行なった．応用計算の結果から，中国経済に関して以下の事が云えよう．

(1) 固定資本の計算結果を表す図 8.1 より，部門 3（建築部門）を除き，他の部門の現実値は基本的に理論値に辿っている様に見える．部門 3 に関しては，計画目標以外の政策的要因が他の部門よりもやや強く働いているのがその一因と考えられる．流動資本（原材料）の全部門に関

しても，図 8.2 より，現実値が理論値を超えているのは同様な理由と考えられる．

(2) 消費財部門の計算結果を表す図 8.3 より，部門 3, 4, 6 の現実値は理論値に近付いているが，部門 1, 2, 5 は理論値を大幅に下回っている．

(3) 表 8.3 から判る様に，固定資本の束縛条件を追加すると，生産数量が多少低下する傾向にある．他方，労働資源制約の条件を導入すると，生産数量が急激に低下してしまい，表 8.2 に示された通り，計画最終期に於ける労働必要量と実際の労働供給量とが一致して，つまり完全雇用が達成される状態にあると云える．

中国では，社会基盤整備や大型設備投資は原則に政府の管轄に依って行なわれている．特に 90 年代から現在に至る迄，社会基盤整備計画が盛んに実施され続けてきた，Канторович の展望計画模型の計算から見れば，固定設備の投資管理は概ね適切であると云って良い．

原材料や消費財に関しては，就中 90 年代以降社会主義的市場経済が指向され，市場的枠組は少しずつ導入され，応用計算からも判るように，現実値と最適経路との間にある程度の乖離が生じている．

8.5.2 計算上の制約

本章の数値計算には以下の制約が有る．

(1) 計算期間が短過ぎるので，初期値の取り方の如何に依っては，計算に影響を及ぼす可能性が有る．

(2) 計算期間が長くなると係数行列の次元が大きくなり，計算そのものが続行不能となる．

8.5.3 Turnpike 計算の現実的意義

中国経済の Turnpike の計算は以下の現実的意義を有する．

- 既に実行された経済政策への評価要具として利用可能である．例えば，

本章の様に，過去の「五ヶ年計画」に実行された政策をどの様に評価するか，現実経済と理論値との間にどの位の乖離が生じているか，これ等を評価出来る．

以上の様に，Turnpike の応用計算は，計画主体がはっきり存在する社会主義経済国家にとって，現実経済を如何にマクロ的制御するか，経済政策の策定に客観的な分析の要具として大いに役立てると思われる．

第9章
結　論

9.1　要約

　本書では，理論と応用の両側面から固定資本を一般的に許容する様な，資本家経済乃至商品経済を考察してきた．

　理論分析の中心は，固定資本を含む線型経済模型及び結合生産模型である．とりわけ，標準商品，Cambridge 方程式，更新動学，経済的耐用年数の内生的決定や，固有値問題に依る Marx-Sraffa 均衡の決定である．

　中国経済への応用計算は，主に 2 部門と多部門を中心に行った．特に，多部門の計算では，限界固定資本係数の推計や，Turnpike の計算が中心である．

　先ず，理論的に以下の事が本書で明らかにされた．

　第 1 章では，

(1) 置塩・中谷の方法は矩形の投入・産出係数行列から成る行列束の分解の核心部分を析出するものである事を示した．生産価格に就いて挙げるべきは，中古固定資本の評価を減価償却率を用いて外で行う会計制度は均衡価格の形成を安定化させる 1 つの機構として機能し得る，と云う事である．

(2) 固定資本のない経済では，標準商品という集計因子から得られた賃金率と利潤率は直線的関係であるが，SON 経済に於いては，賃金利潤曲線を直線たらしめる新品財のみからなる集計因子は存在しない．

(3) 不生産的消費が行われる SON 経済では，粗利潤率，粗蓄積率と成長率の対応関係を与える Cambridge 方程式が成立する．

第2章では,

(4) 減価償却の再投資に依る固定資本の動学的更新過程は,耐用年数に依って律せられる．年齢別固定資本に関する更新動学をを表す高階差分方程式の随伴行列は非負の Markov 行列である．年齢別固定資本の単位実質価値比率と存在量比率は Markov 行列の Perron-Frobenius 根 1 に随伴する左右の固有ベクトルに依って決定される．

尚，更新過程で中古固定資本の評価を決定する機構は置塩・中谷の縮約に示される様に，生産価格決定系に埋込まれている．置塩・中谷の縮約は減価償却法則の特殊な場合を内包している．

第3章では,

(5) 華羅庚が論じた通り，Leontief 型動学模型では，双対不安定と云う性質を有する．基礎財のみから成る一般的な結合生産系である Marx-Sraffa 価格模型を，階数条件のみを仮定し，Moore-Penrose の擬似逆行列を応用して，固有値問題に変換した．全商品の生産価格や均等利潤率は同時に決定される．その均衡状態を決める固有値と固有ベクトルは支配的でない故，生産価格均衡も数量均衡も不安定な状態に成り得る．数値計算例に於いても，これを確認した．

尚,非基礎財が存在する場合でも，議論の本質は不変である事を示した．

第4章では,

(6) 耐用年数の内生的決定問題では，利潤率の能動的役割が論証された．つまり，生産価格や，賃金率，経済的耐用年数は，完全に利潤率の関数，結果的に減価償却は利潤率のみの関数として決定される．

第4章の結果に依れば，市場委せの経済では価格形成，需給調節の両面に於いて，均衡点が不安定である要因の一つは，固定資本の存在であると考えられる．

この様な不安定性は，市場に基礎を置く固定資本を許容する商品経済に共通な問題である．固定設備は一定の意味で撹乱的要因として存在し，投資管理を適切に行われなければ，例え社会主義経済の様に国家の様な計画主体が存在する経済であっても，それが商品経済と類似の市場的枠組を有するならば，市場の需給調整機能は期待出来ない．社会主義の下でも過剰生産恐慌が惹起する可能性がある．固定資本投資の管理は計画経済の操舵手（国家）にとって，重大な課題である．

　次に，中国経済への応用計算では，以下の事が云えよう．

　第 5 章では，

(1) 中国の投入産出表を資本財と消費財のみに組替えた Marx 型 2 部門表（1981–2007 年）を試算した．両部門の利潤率は低下傾向で，資本成長率は 80 年代後半迄には逓減し，90 年代の初めから現在に至って再び逓増する趨勢である．構造・分配パラメーターの中では，部門比率が増加している事から，生産財・消費財比率が上昇を続けている．これは中国過去三十年間に互り，経済建設に多大なる設備投資を行ってきたからである．生産財のウェートが大きいと云う事は後進国の一つの特徴であり，まさに中国経済はまだ発展途上国である事の裏付になる．

(2) 上記組替に基づき，2 部門 Turnpike の計算を政策的評価として行った．現実経済の成長経路は最適経路を追跡する様に動いていると見て良い．

　第 6 章では，

(3) Sraffa-Fujimori 方式に依る限界資本係数（1987–2000 年）を推計した．産出に対する限界資本の比率は，時間と共に上昇している．これは近年社会基盤整備の様な大型設備投資が増加している裏付けと云える．

(4) 1987 年から 2000 年に互り，中国経済に於ける最大利潤率及び最大潜在成長率は下降する傾向で，最大実質賃金率が上昇する趨勢である．尚，固定資本存在に依る中国経済の賃金利潤曲線は，固定資本を無視した場合に比べ，下方へ移動し，利潤率が大きい程曲線の低下がより

大きい事が判る.

第7章では，Marx の労働価値論に基づき，前章で Sraffa-Fujimori 方式に依って推計した固定資本係数を利用し，中国経済に於ける生産価格と価値の比率や，剰余価値率，資本の有機的構成，資本装備率等を，固定資本込みで試算した.

(5) 先ず農業部門に於ける生産価格-価値比率が尤も低い事から，農業部門が他の部門との不平等な労働力の交換に直面していると云えよう.
(6) 次に，試算結果から農業部門の労働集約度が非常に高く，一方では産業部門の殆どは資本集約度が高いと判った．その一因として考えられるのは農業の機械化，現代化がまだそれ程進んでいない事を意味する.
(7) 最後に，統計分析に於ける Spearman の相関係数の試算結果から，生産価格/価値比率と資本/労働比率や資本の有機的構成との相関関係が強い事が判明した．これは試算期間に於いては，これらの値がかなり類似する傾向にある事を示していると云える.

第8章では，Канторович の展望計画に依る多部門最適成長経路（1995–2000年）の計算を政策的評価として行った．固定資本・原材料に関して2部門での計算を詳細にした計算結果を得た．即ち，

(8) 固定資本各部門の実際の成長経路は計画中間期に於ける固定資本各部門の最適成長経路に概ね辿っている事から，固定資本の投資管理は適切に行なわれていると云える．原材料に就いては，実際の成長経路は最適成長経路から上方への乖離，消費財に就いては下方への乖離が生じている.

9.2　課題と今後の展望

本書では，主に Ricardo, Marx, Sraffa, Post Keynesian 的な手法を用い

て固定資本の諸問題に焦点を当て，理論と実証に依る分析を行なった．

　中国経済の理論的指標群を計算する際，関連データの未完備に依る制約が有るのは否めないが，今後固定資本の投資行列を含む関連データがもっと充実されれば，より現実経済に近い試算が期待出来る．

　最近の中国の「五ヶ年計画」の中では，経済を安定化させる為の「マクロ的制御」という言葉がしばしば出ている．中国経済のより一層の発展に伴ない，経済の計画性が不可欠になる．特に今後，今まで経済を牽引してきた固定資本投入への制御が欠かせないのである．

　中国経済は今後安定的成長を図る為，どの様なマクロ的制御政策を取っていくべきか，或いは固定資本投入への制御はどんな手段で行うべきか等々の問題を理論的に解明するのが急務である．固定資本の要素を含む複雑化したマクロ的制御理論の構築は中国のより一層の経済発展に大いに貢献できるであろう．

　本書で取り上げられなかった以下の事が当面の課題として残る．

(1) 人的資本の蓄積問題，とりわけ長期の教育計画として，複雑労働の養成を含む教育投資を本書の模型にどう取り入れてその理論的枠組を拡張するか，

(2) 固定資本の取扱いに関連する課題として，技術革新が有る場合，経済全体に於けるその変化をどう捉えれば良いか，又現実経済に関連してその具体的な試算方法が無いか，

(3) 固定資本の減価償却は再投資されるとする方が理論的な妥当性は高い．再投資と技術進歩，資本の深化との関係も追求課題である．

(4) 住宅の様な耐久的消費財が明示される経済では，本書の手法をどの様に応用出来るか，

(5) 土地の有効利用に依る生産拡大の問題や資源の枯渇問題を，如何に枠組に含めるか，

(6) 本書では線型計画と固有値問題が併用されている．擬似逆行列の応用

に依りより統一的な手法として確立出来ないか,
これ等の課題を今後の研究計画として,別の機会に検討する.

参考文献

[1] Abraham-Frois, Gilbert and Edmond Berrebi (1979) *Theory of Value, Prices and Accumulation— A Mathematical Integration of Marx, von Neumann and Sraffa*, Cambridge University Press.

[2] Abraham-Frois, Gilbert and Edmond Berrebi (1997) *Prices, Profits and Rhythms of Accumulation*, Cambridge University Press.

[3] Asada, Toichiro (2009) "Neo-Ricardian Theory of Differential Rent and Marxian Theory of Exploitation," in *A History of Economic Theory: Essays in Honour of Takashi Negishi*, New York, Routledge, pp. 80-101.

[4] Baldone, Salvatore (2006) "On Sraffa's Standard Commodity: is its Price Invariant with Respect Changes in Income Distribution?" *Cambridge Journal of Economics*, Vol. 30, No. 2, pp. 313-9.

[5] Bapat, R. B. and T. E. S. Raghavan (1997) *Nonnegative Matrices and Applications*, Cambridge University Press.

[6] Bellino, E. (2004) "On Sraffa's Standard commodity," *Cambridge Journal of Economics*, Vol. 28, No. 1, pp. 121-32.

[7] Ben-Israel, Adi and Thomas N.E. Greville (2003) *Generalized Inverses: Theory and Applications (Second Edition)*, Springer-Verlag.

[8] Bharadwaj, K. and B. Schefold eds. (1990) *Essays on Piero Sraffa: Critical Perspectives on the Revival of Classical Theory*, London, Unwin Hyman.

[9] Bidard, C. (2000) "Linear Programming and the von Neumann Model," *Metroeconomica*, Vol. 51, No. 1, pp. 122-5.

[10] Bidard, C. (2004) *Prices, Reproduction, Scarcity*, Cambridge University Press.

[11] Bidard, C. and G. Erreygers (1998) "Sraffa and Leontief on Joint Production," *Review of Political Economy*, Vol. 10, pp. 427-46.

[12] Blakley, G. R. and W. F. Gossling (1967) "The Existence, Uniqueness and Stability of thle Standard System," *Revielw of Economic Studies*,

Vol. 34, No. 4, pp. 427-31.
[13] Bohlin, L. and L. M. Widell (2006) "Estimation of Commodity-by-Commodity Input-Output Matrices," *Economic Systems Research*, Vol. 18, No. 2, pp. 205-15.
[14] Bródy, A. (1970) *Proportions, Prices and Planning: A Mathematical Restatement of the Labor Theory of Value*, Akadémiai kiadó, Budapest.
[15] Bródy, A. (1997) "The Second Eigenvalue of the Leontief Matrix," *Economic Systems Research*, Vol. 9, No. 3, pp. 253-8.
[16] Broome, J. (1977) "Sraffa's Standard Commodity," *Australian Economic Papers*, Vol. 16, No. 29, pp. 231-6.
[17] Bruckmann, Gerhart and Wilhelm Weber eds. (1971) *Contributions to the von Neumann Growth Model: Proceedings of a Conference Organized by the Institute for Advanced Studies*, Springer.
[18] Campbell, Stephen L. and Carl D. Meyer (1979) *Generalized Inverses of Linear Transformations*, Pitman Publishing.
[19] Centre of Economic Forecasting State Planning Commission of China and Department of Statistics on Balances of National Economy State Statistical Bureau ed. (1987) *Input-Output Tables of China 1981*, University of Hawaii Press.
[20] Debreu, Gerard and I. N. Herstein (1953) "Nonnegative Square Matrices," *Econometrica*, Vol. 21, No. 4, pp. 597-607.
[21] Domar, Evsey D. (1957) *Essays in the Theory of Economic Growth*, Oxford University Press, (宇野健吾訳, 『経済成長の理論』, 東洋経済新報社, 1959 年).
[22] Dorfman, Robert, Paul A. Samuelson and Robert M. Solow (1958) *Linear Programming and Economic Analysis*, McGraw-Hill, (安井琢磨・福岡正夫・渡部経彦・小山昭雄訳, 『線型計画と経済分析 (I,II)』, 岩波書店, 1958 年).
[23] Dupertuis, Michel-Stéphane and Ajit Sinha (2009) "Existence of the Standard System in the Multiple-Production Case: A Solution to the MANARA Problem," *Metroeconomica*, Vol. 60, No. 3, pp. 432-54.
[24] Eatwell, J. (1975) "Mr. Sraffa's Standard Commodity and the Rate of Exploitation," *Quarterly Journal of Economics*, Vol. 89, No. 4, pp. 543-55.

参考文献　161

[25] Fujimori, Yoriaki (1982) *Modern Analysis of Value Theory*, Springer-Verlag.
[26] Fujimori, Yoriaki (1992a) "Building 2-Sector Schemes from the Input-Output Table : Computation of Japan's Economy 1960-1985," *Josai University Bulletin, the Department of Economics*, Vol. 11, No. 1, pp. 1-12.
[27] Fujimori, Yoriaki (1992b) "Wage-Profit Curves in a von Neumann-Leontief Model: Theory and Computation of Japan's Economy 1970-1980," *Journal of Applied Input-Output Analysis*, Vol. 1, No. 1, pp. 43-54.
[28] Fujimoto, Takao (1975) "Duality and Uniqueness of Growth Equilibrium," *International Economic Review*, Vol. 16, No. 3, pp. 781-91.
[29] Gale, David (1960) *The Theory of Linear Economic Models*, McGraw-Hill.
[30] Gale, David (1967) "On Optimal Development in a Multi-sector Economy," *Review of Economic Studies*, Vol. 34, No. 1, pp. 1-18.
[31] Gandolfo, Giancarlo (1997) *Economic Dynamics*, Springer.
[32] Gantmacher, F. R. (1959) *The Theory of Matrices (Vol.1-2)*, AMS Chelsea Publishing.
[33] Gehrke, Christian (2011) "The Joint Production Method in the Treatment of Fixed Capital: A Comment on Moseley," *Review of Political Economy*, Vol. 23, No. 2, pp. 299-306.
[34] Gossling, W. F. (1974) "Correct Fixed-Capital Replacement in Input-Output Growth Models," *Review of Economic Studies*, Vol. 41, No. 4, pp. 525-31.
[35] Hawkins, David and Herbert A. Simon (1949) "Note: Some Conditions on Macroeconomic Stability," *Econometrica*, Vol. 17, No. 3/4, pp. 245-8.
[36] Hodgson, G. and I. Steedman (1977) "Depreciation of Machines of Changing Efficiency: A Note," *Australian Economic Papers*, Vol. 16, No. 28, pp. 141-7.
[37] Hua, Loo-Keng (1984) "On the Mathematical Theory of Globally Optimal Planned Economic Systems," *Proceedings of the National Academy of Sciences of the United States of America*, Vol. 81, No. 20, pp. 6549-53.
[38] Inada, Ken'ichi (1964) "Some Structural Characteristics of Turnpike

Theorems," *Review of Economic Studies*, Vol. 31, No. 1, pp. 43-58.

[39] Inada, Ken'ichi (1966) "Investment in Fixed Capital and the Stability of Growth Equilibrium," *Review of Economic Studies*, Vol. 33, No. 1, pp. 19-30.

[40] Jorgenson, Dale (1960) "A Dual Stability Theorem," *Econometrica*, Vol. 28, No. 4, pp. 892-9.

[41] Kakeya, S. (1912) "On the Limits of the Roots of an Algebraic Equation with Positive Coefficients," *Tohoku Mathematical Journal*, Vol. 2, pp. 140-2.

[42] Kalecki, Michał(1963) *Zarys teorii wzrostu gospodarki socjalistycznej*, Państwowe Wydawnictwo Naukowe, Warszawa, (竹浪祥一郎訳, 『社会主義経済成長論概要』, 日本評論社, 1965 年).

[43] Kiedrowski, Roman (2001) "A Turnpike Theorem in the Closed Dynamic Leontief Model with a Singular Matrix of Capital Coeffients," *Economic Systems Research*, Vol. 13, No. 2, pp. 209-22.

[44] Канторович, Л. В.(1959) *Экономический расчет наилучшего использования ресурсов*, Издательство Академии Наык СССР, Москва, (吉田靖彦訳, 『社会主義経済と資源配分』, 創文社, 1965 年).

[45] Koshimura, S. (1984) *Capital Reproduction and Economic Crisis in Matrix Form (Wako Kenkyu Series No.1)*, Wako University Shakai Keizai Kenkyujo.

[46] Krüger, Michael and Peter Flaschel eds. (1993) *Nobuo Okishio: Essays on Political Economy: Collected Papers*, Peter Lang Pub Inc.

[47] Kurz, Heinz D. and Neri Salvadori (1995) *Theory of Production— A Long-Period Analysis*, Cambridge University Press.

[48] Kurz, Heinz D. and Neri Salvadori (2005) "Removing an 'Insuperable Obstacle' in the Way of an Objectivist Analysis: Sraffa's Attempts at Fixed Capital," *European Journal History of Economic Thought*, Vol. 12, No. 3, pp. 493-523.

[49] Lager, Christian (1997) "Treatment of Fixed Capital in the Sraffian Framework and in the Theory of Dynamic Input-Output Models," *Economic Systems Research*, Vol. 9, No. 4, pp. 357-73.

[50] Lager, Christian (2001) "Joint Production with 'Restricted Free Disposal'," *Metroeconomica*, Vol. 52, No. 1, pp. 49-78.

[51] Lager, Christian (2006) "The Treatment of Fixed Capital in the Long Period," *Economic Systems Research*, Vol. 18, No. 4, pp. 411-26.
[52] Lange, Oskar (1961) *Teoria reprodukcji i akumulacji: Pa'nstwowe Wydawnictwo Naukowe*, Warszawa, （玉垣良典・岩田昌征訳,『再生産と蓄積の理論』, 日本評論社, 1966 年）.
[53] Leontief, Wassily W. (1966) *Input-Output Economics*, Oxford University Press, （新飯田宏訳,『産業連関分析』, 岩波書店, 1969 年）.
[54] Leontief, Wassily W. (1970) "The Dynamic Inverse," in *Contributions to Input-Output Analysis*, Amsterdam, North-Holland Publishing, pp. 17-46.
[55] Li, Bangxi (2010) "Fixed Capital and the Determination of Economic Durability," *International Conference on Production and Distribution to celebrate 50 years anniversary of the publication of Production of Commodities by Means of Commodities*. September 4-6, at Meiji University, Tokyo, Japan.
[56] Li, Bangxi (2011a) "Economic Durability of Fixed Capital," *Waseda Journal of Political Science and Economics*, No. 381-382, pp. 17-25.
[57] Li, Bangxi (2011b) "Estimation of Marginal Fixed Capital Coefficient and Wage-Profit Curves à la von Neumann-Leontief: A Case Study of China's Economy 1987-2000," *Waseda Economics Working Paper (WEWORP) Series*. No.11-001.
[58] Li, Bangxi (2014) "Fixe Capital and Wage-Profit Curves à la von Neumann-Leontief: China's Economy 1987-2000," *Research in Political Economy*, Vol. 29, pp. 75-93.
[59] Li, Bangxi and Yoriaki Fujimori (2010) "Marx-Sraffa Model with Fixed Capital: A Moore-Penrose Pseudoinverse Approach," *Proceedings of the 5th Forum of the World Association for Political Economy—The Crisis of Capitalism and Its Solution: Socialism of the 21st Century*, pp. 471-82. May 29-30, at Suzhou City, China.
[60] Li, Bangxi and Yoriaki Fujimori (2013) "Fixed Capital, Renewal Dynamics and Marx-Sraffa Equilibrium," in *Macro- and Micro Foundations of Economics*, Tokyo, Waseda University Press, pp. 51-72.
[61] Lotka, Alfred J. (1939) "A Contribution to the Theory of Self-Renewing Aggregates, With Special Reference to Industrial Replacement," *The*

Annals of Mathematical Statistics, Vol. 10, No. 1, pp. 1-25.

[62] Lotka, Alfred J. (1948) "Application of Recurrent Series in Renewal Theory," *The Annals of Mathematical Statistics*, Vol. 19, No. 2, pp. 190-206.

[63] Mainwaring, Lynn (1984) *Value and Distribution in Capitalist Economies: An Introduction to Sraffian Economics*, Cambridge University Press, （笠松學・山田幸俊・佐藤良一訳,『価値と分配の理論：スラッファ経済学入門』, 日本経済評論社, 1988 年）.

[64] Mariolis, Theodore (2011) "A Simple Measure of Price-Labor Value Deviation," *Metroeconomica*, Vol. 62, No. 4, pp. 605-11.

[65] Mariolis, Theodore and Lefteris Tsoulfidis (2009) "Decomposing the Changes in Production Prices into 'Capital-intensity' and 'Price' Effects: Theory and Evidence from the Chinese Economy," *Contributions to Political Economy*, Vol. 28, No. 1, pp. 1-22.

[66] Mariolis, Theodore and Lefteris Tsoulfidis (2010a) "Eigenvalue Distribution and the Production Price-Profit Rate Relationship in Linear Single-Product Systems: Theory and Empirical Evidence." Discussion Paper No.16/2010, Department of Economics, University of Macedonia.

[67] Mariolis, Theodore and Lefteris Tsoulfidis (2010b) "Measures of Production Price-Labor Value Deviation and Income Distribution in Actual Economies: A Note," *Metroeconomica*, Vol. 61, No. 4, pp. 701-10.

[68] Marx, K. (1962/64) *Das Kapital, I, II, III. MEW, 23, 24, 25*, Dietz Verlag, （日本語訳,『資本論, I, II, III』, 大月書店, 1965/67 年）.

[69] McKenzie, Lionel W. (1998) "Turnpikes," *American Economic Review, Papers and Proceedings of the Hundred and Tenth Annual Meeting of the American Economic Association*, Vol. 88, No. 2, pp. 1-14.

[70] McKenzie, Lionel W. (2002) *Classical General Equilibrium Theory*, MIT Press.

[71] Minc, Henryk (1988) *Nonnegative Matrices*, New York: John Wiley.

[72] Miyao, Takahiro (1977) "A Generalization of Sraffa's Standard Commodity and its Complete Characterization," *International Economic Review*, Vol. 18, No. 1, pp. 151-62.

[73] Morishima, Michio (1960) "Economic Expansion and the Interest Rate in Generalized von Neumann Models," *Econometrica*, Vol. 28, No. 2, pp. 352-63.

[74] Morishima, Michio (1961) "Proof of a Turnpike Theorem : The No Joint Production Case," *Review of Economic Studies*, Vol. 28, No. 2, pp. 89-97.

[75] Morishima, Michio (1964) *Equilibrium, Stability and Growth: A Multisectoral Analysis*, Oxford University Press,（久我清監訳・入谷純・永谷裕昭・浦井憲訳,『森嶋通夫著作集 2——均衡・安定・成長：多部門分析』, 岩波書店, 2003 年）.

[76] Morishima, Michio (1969) *Theory of Economic Growth*, Oxford University Press,（安冨歩・西部忠・武藤功・遠藤正寛訳,『森嶋通夫著作集 3——経済成長の理論』, 岩波書店, 2005 年）.

[77] Morishima, Michio (1971) "Consumption-Investment Frontier and the von Neumann Growth Equilibrium," in *Contributions to the von Neumann Growth Model: Proceedings of a Conference Organized by the Institute for Advanced Studies*, Springer, pp. 31-8.

[78] Morishima, Michio (1973) *Marx's Economics—A dual theory of value and growth*, Cambridge University Press,（高須賀義博訳,『マルクスの経済学——価値と成長の二重の理論』, 東洋経済新報社, 1974 年）.

[79] Morishima, Michio (1996) *Dynamic Economic Theory*, Cambridge University Press,（焼田党訳,『森嶋通夫著作集 1——動学的経済理論』, 岩波書店, 2004 年）.

[80] Moseley, Fred (2009) "Sraffa's Interpretation of Marx's Treatment of Fixed Capital," *Review of Political Economy*, Vol. 21, No. 1, pp. 85-100.

[81] Moseley, Fred (2011) "Reply to Gehrke," *Review of Political Economy*, Vol. 23, No. 2, pp. 307-15.

[82] von Neumann, J. (1945/46) "A Model of General Economic Equilibrium," *Review of Economic Studies*, Vol. 13, No. 1, pp. 1-9.

[83] Nikaido, H. (1964) "Persistence of Continual Growth near the von Neumann Ray : A Strong Version of Radner Turnpike Theorem," *Econometrica*, Vol. 32, No. 1-2, pp. 151-62.

[84] Nikaido, H. (1968) *Convex Structures and Economic Theory*, Academic Press.

[85] Ochoa, Eduardo M. (1989) "Values, Prices, and Wage-Profit Curves in the US Economy," *Cambridge Journal of Economics*, Vol. 13, No. 3, pp. 413-29.

[86] Okishio, Nobuo and Takeshi Nakatani (1993) "A Measurement of the

Rate of Surplus Value," in *Nobuo Okishio-Essays on Political Economy: Collected Papers*, Frankfurt am Main, Peter Lang, pp. 61-73.

[87] Opocher, Arrigo (2002) "Duality Theory and Long-Period Price Systems," *Metroeconomica*, Vol. 53, No. 4, pp. 416-33.

[88] Opocher, Arrigo and Ian Steedman (2009) "Input Price-Input Quantity Relations and the Numéraire," *Cambridge Journal of Economics*, Vol. 33, No. 5, pp. 937-48.

[89] Parys, Wilfried (1982) "The Deviation of Prices from Labor Values," *American Economic Review*, Vol. 72, No. 5, pp. 1208-12.

[90] Pasinetti, Luigi Lodovico (1977) *Lectures on the Theory of Production*, Columbia University Press, （菱山泉・山下博・山谷恵俊・瀬地山敏訳,『生産理論：ポストケインジアンの経済学』, 東洋経済新報社, 1979 年）.

[91] Pasinetti, Luigi Lodovico ed. (1980) *Essays on the Theory of Joint Production*, The Macmillan Press, （中野守・宇野立身訳,『生産と分配の理論：スラッファ経済学の新展開』, 日本経済評論社, 1988 年）.

[92] Rao, C. R. and Sujit Kumar Mitra (1972) *Generalized Inverse of Matrices and Its Applications*, John Wiley & Sons Inc.

[93] Roemer, John E. (1979) "Continuing Controversy on the Falling Rate of Profit: Fixed Capital and Other Issues," *Cambridge Journal of Economics*, Vol. 3, No. 4, pp. 379-98.

[94] Salvadori, Neri (1988) "Fixed Capital within the Sraffa Framework," *Journal of Economics*, Vol. 48, pp. 1-17.

[95] Salvadori, Neri (1998) "A Linear Multisector Model of "Endogenous" Growth and the Problem of Capital," *Metroeconomica*, Vol. 49, No. 3, pp. 319-35.

[96] Salvadori, Neri and Ian Steedman (1990) *Joint Production of Commodities*, Edward Elgar Publishing.

[97] Schefold, B. (1986) "The Standard Commodity as a Tool of Economic Analysis: A Comment on Flaschel," *Journal of Institutional and Theoretical Economics*, Vol. 142, pp. 603-22.

[98] Schefold, B. (1989) *Mr Sraffa on Joint Production and Other Essays*, Unwin Hyman.

[99] Schefold, B. (1997) *Normal Prices, Technical Change and Accumulation*, Macmillan.

[100] Seneta, Eugene (1974) *Non-negative Matrices: An Introduction to Theory and Application*, Allen & Unwin.

[101] Sheskin, David J. (2000) *Handbook of Parametric and Nonparametric Statistical Procedures (2nd edition)*, Chapman & Hall/Crc.

[102] Sraffa, P. (1960) *Production of Commodities by Means of Commodities—Prelude to a Critique of Economic Theory*, Cambridge University Press, (菱山泉・山下博訳,『商品による商品の生産：経済理論批判序説』, 有斐閣, 1962年).

[103] Steedman, I. (1977) *Marx After Sraffa*, New Left Books.

[104] Steenge, A. E. (1980) *Stability and Standard Commodities in Multisector Input-Output Models*, Veenstra-Visser.

[105] Strang, Gilbert (1976) *Linear Algebra and Its Applications*, Academic Press, (山口昌哉監訳・井上昭訳,『線形代数とその応用』, 産業図書, 1978年).

[106] Tsoulfidis, Lefteris (2008) "Price-Value Deviations: Further Evidence from Input-Output Data of Japan," *International Review of Applied Economics*, Vol. 22, No. 6, pp. 707-24.

[107] Tsoulfidis, Lefteris and Theodore Mariolis (2007) "Labor Values, Prices of Production and the Effects of Income Distribution: Evidence from the Greek Economy," *Economic Systems Research*, Vol. 19, No. 4, pp. 425-37.

[108] Tsoulfidis, Lefteris and Dong-Min Rieu (2006) "Labor Values, Prices of Production, and Wage-Profit Rate Frontiers of the Korean Economy," *Seoul Journal of Economics*, Vol. 19, No. 3, pp. 275-95.

[109] Tsukui, Jinkichi (1967) "The Consumption and the Output Turnpike Theorems in a von Neumann Type Model : A Finite Term Problem," *Review of Economic Studies*, Vol. 34, No. 1, pp. 85-93.

[110] Tsukui, Jinkichi and Yasusuke Murakami (1979) *Turnpike Optimality in Input-Output Systems: Theory and Application for Planning*, North-Holland Pub. Co.

[111] Vanek, Jaroslav (1969) *Maximal Economic Growth: Geometric Approach to von Neumann's Growth Theory and the Turnpike Theorem*, Cornell University Press.

[112] Vitaletti, Giuseppe (2008) "The Optimal Lifetime of Capital Goods: a Restatement of Sraffa's Analysis of Fixed Capital," *Review of Political*

Economy, Vol. 20, No. 1, pp. 127-45.
[113] Wada, Sadao (1969) "An Alternative Proof of KAKEYA's Theorem and the 'Lohmann-Ruchti Effect'," *Bulletion of University of Osaka Prefecture, Series D, Sciences of Economy, Commerce and Law*, Vol. 13, pp. 1-5.
[114] White, Graham (2008) "Growth, Autonomous Demand and a Joint-Product Treatment of Fixed Capital," *Metroeconomica*, Vol. 59, No. 1, pp. 1-26.
[115] Wolff, Edward N. (1979) "The Rate of Surplus Value, the Organic Composition, and the General Rate of Profit in the U.S. Economy, 1947-67," *American Economic Review*, Vol. 69, No. 3, pp. 329-41.
[116] Woods, J. E. (1984) "Notes on Sraffa's fixed capital model," *Journal of the Australian Mathematical Society, Series B*, Vol. 26, pp. 200-32.
[117] Woods, J. E. (1990) *The Production of Commodities— An Introduction to Sraffa*, MacMillan.
[118] 浅田統一郎 (1982) 「固定資本経済における実質賃金率・利潤率・搾取率」,『季刊理論経済学』, 第 33 巻, 第 1 号, 55-66 頁.
[119] 置塩信雄・中谷武 (1975) 「利潤存在と剰余労働：固定資本を考慮して」,『季刊理論経済学』, 第 26 巻, 第 2 号, 90-6 頁.
[120] 置塩信雄 (1957) 『再生産の理論』, 創文社.
[121] 置塩信雄 (1959) 「剰余価値率の測定」,『経済研究』, 第 10 巻, 第 4 号, 297-303 頁.
[122] 置塩信雄 (1972) 「拡大再生産・利潤率・固定資本」,『国民経済雑誌』, 第 126 巻, 第 5 号, 1-17 頁.
[123] 置塩信雄 (1975) 「固定資本と拡大再生産」,『国民経済雑誌』, 第 131 巻, 第 2 号, 1-14 頁.
[124] 置塩信雄 (1977) 『マルクス経済学——価値と価格の理論』, 筑摩書房.
[125] 置塩信雄 (1987) 『マルクス経済学 II——資本蓄積の理論』, 筑摩書房.
[126] 韓太舜・伊理正夫 (1982) 『ジョルダン標準形』, 東京大学出版会.
[127] 筑井甚吉・村上泰亮・時子山和彦・時子山ひろみ・高島忠・西藤沖・日水俊夫・小林良邦・近藤誠 (1973) 『ターンパイク・モデル——多部門最適化モデル』, 経済企画庁経済研究所.
[128] 越村信三郎 (1956) 『再生産論——価値法則の発展と変容に照応する再生産模型の探究』, 東洋経済新報社. (S. Koshimura, *Theory of Capital Reproduc-*

tion and Accumulation (translated by Toshihiro Ataka, edited by Jesse G. Schwartz), DPG Pub., 1975).

[129] 越村信三郎 (1967)『恐慌と波動の理論』, 春秋社.
[130] 白杉剛 (2005)『スラッファ経済学研究』, ミネルヴァ書房.
[131] 高橋大輔 (1996)『数値計算』, 岩波書店.
[132] 津野義道 (1990)『経済数学 II—線形代数と産業連関』, 培風館.
[133] 中谷武 (1976)「投下労働量と価格：戦後日本の場合」,『季刊理論経済学』, 第 27 巻, 第 1 号, 13-23 頁.
[134] 中谷武 (1994)『価値, 価格と利潤の経済学』, 勁草書房.
[135] 二階堂副包 (1960)『現代経済学の数学的方法—位相数学による分析入門』, 岩波書店.
[136] 二階堂副包 (1961)『経済のための線型数学』, 培風館.
[137] 林直道 (1959)『景気循環の研究』, 三一書房.
[138] 藤森頼明 (1981)「現代価値論の研究 (I)—マルクス基本定理を中心として」,『城西経済学会誌』, 第 17 巻, 第 1 号, 1-151 頁.
[139] 藤森頼明・李帮喜 (2010)「固定資本的更新与馬爾可夫過程」,『政治経済学評論』, 第 1 巻, 第 4 号, 116-27 頁.
[140] 古屋茂 (1959)『行列と行列式』, 培風館.
[141] 宮岡悦良・眞田克典 (2007)『応用線形代数』, 共立出版.
[142] 森嶋通夫 (1955)『産業連関と経済変動』, 有斐閣.
[143] 柳井晴夫・竹内啓 (1983)『射影行列・一般逆行列・特異値分解』, 東京大学出版会.
[144] 山田欽一・山田克巳 (1961)「拡大再生産と固定資本の補填：定差方程式における『掛谷の定理』の応用」,『一橋論叢』, 第 46 巻, 第 5 号, 531-8 頁.
[145] 山田欽一 (1962)『経済学研究者のための応用数学』, 春秋社.
[146] 吉田央 (1990)「いわゆる「Ruchti-Lohmann 効果」の経済学上の意味に関して」,『経済理論学会年報第 27 集』, 83-98 頁.
[147] 李帮喜・藤森頼明 (2009)「固定資本を含む多部門線型模型について」,『経済理論学会第 57 回大会 (創立 50 周年記念大会) 報告論集 II』, 128-42 頁.
[148] 李帮喜・藤森頼明 (2010)「固定資本与剣橋方程式」,『経済理論与経済管理』, 24-9 頁. 2010 年第 7 期.
[149] 李帮喜・藤森頼明 (2011)「Marx-Sraffa 均衡と固有値問題：Moore-Penrose 擬似逆行列の応用」,『季刊経済理論』, 第 48 巻, 第 3 号, 56-68 頁.
[150] 李帮喜 (2006)「多部門経済モデルと中国経済：Marx, Sraffa の線型モデル

を中心に」,修士論文,早稲田大学政治経済学術院大学院経済学研究科.

[151] 李幇喜 (2008)「中国産業連関表と線型経済理論」,『季刊経済理論』,第 45 巻,第 2 号,66-71 頁.

[152] 李幇喜 (2009)「固定資本与標準商品」,『経済理論与経済管理』,26-31 頁. 2009 年第 3 期.

[153] 李幇喜 (2012)「線型経済理論と中国経済のターンパイク:Marx,Sraffa,von Neumann を基礎として」,博士論文,早稲田大学大学院経済学研究科.

[154] 呂正 (2007)「地域間格差を考慮した中国多地域多部門動学モデルの開発と応用—エネルギー消費,CO_2 排出の削減を目的として」,博士論文,東京大学大学院新領域創成科学研究科.

[155] 華羅庚 (1984a)「計劃経済大範囲最優化的数学理論—(II) 消耗系数,(III) 正特徴矢量法的数学証明」,『科学通報』,第 13 巻,769-72 頁.

[156] 華羅庚 (1984b)「計劃経済大範囲最優化的数学理論—(IV) 数学模型(矛盾論的運用),(V) 論調整,(VI) 生産能力的上限,表格」,『科学通報』,第 16 巻,961-5 頁.

[157] 華羅庚 (1984c)「計劃経済大範囲最優化的数学理論—(I) 量綜与消耗系数方陣」,『科学通報』,第 12 巻,705-9 頁.

[158] 華羅庚 (1984d)「計劃経済大範囲最優化的数学理論—(VIII) 論 Brouwer 不動点定理」,『科学通報』,第 21 巻,1281-2 頁.

[159] 華羅庚 (1984e)「計劃経済大範囲最優化的数学理論—(VII) 論価格」,『科学通報』,第 18 巻,1089-92 頁.

[160] 華羅庚 (1985a)「計劃経済大範囲最優化的数学理論—(IX) 基本定理的証明」,『科学通報』,第 1 巻,1-2 頁.

[161] 華羅庚 (1985b)「計劃経済大範囲最優化的数学理論—(XI) 歴史回顧与小結」,『科学通報』,第 24 巻,1841-4 頁.

[162] 華羅庚 (1985c)「計劃経済大範囲最優化的数学理論—(X) 生産系統的危機」,『科学通報』,第 9 巻,641-5 頁.

[163] 中華人民共和国国務院令第 512 号 (2007)『中華人民共和国企業所得税法実施条例』.

[164] 中国財政部 (1992)『財政部関於頒発「工業企業財務制度」的通知 ((92) 財工字第 574 号)』.

[165] 斉舒暢 (2003)「我国投入産出表的編制和応用情況簡介」,『中国統計』,第 5 巻,21-2 頁.

[166] 中国国家統計局国民経済核算司 (2005)『中国 2002 年投入産出表編制方法』,

中国統計出版社.
- [167] 国家計劃委員会経済預測中心・国家統計局国民経済平衡統計司（編）(1986)『全国投入産出表 1981 年（試編）』，中国統計出版社.
- [168] 中国国家統計局国民経済平衡司・全国投入産出調査弁公室（編）(1991)『1987 年中国投入産出表』，中国統計出版社.
- [169] 中国国家統計局国民経済核算司（編）(1993)『1990 年中国投入産出表』，中国統計出版社.
- [170] 中国国家統計局国民経済核算司（編）(1996)『1992 年中国投入産出表』，中国統計出版社.
- [171] 中国国家統計局国民経済核算司（編）(1997)『1995 年中国投入産出表』，中国統計出版社.
- [172] 中国国家統計局国民経済核算司（編）(1999)『1997 年中国投入産出表』，中国統計出版社.
- [173] 中国国家統計局国民経済核算司（編）(2002)『2000 年中国投入産出表』，中国統計出版社.
- [174] 中国国家統計局国民経済核算司（編）(2006)『2002 年中国投入産出表』，中国統計出版社.
- [175] 国家統計局固定資産投資統計司（編）(2002)『中国固定資産投資統計数典 1950-2000』，中国統計出版社.
- [176] 国際労働事務局（編）(2005)『国際労働経済統計年鑑 2003 年（第 62 版）』，財団法人日本 ILO 協会.
- [177] 中国国家統計局（NBS）(2003)『中国統計年鑑 2003』，中国統計出版社.

付録 A
Канторович 展望計画の計算結果

該当の計算結果を表で示す．ゼロのみから成る行は適宜省略した．

表 A.1　展望計画に於ける年齢別種類別産出量時系列

部門	年齢	1995	1996	1997	1998	1999	2000
固定資本1	0	0.03348	0.29653	0.23308	0.21564	0.18752	0.54797
	1	0.00000	0.03348	0.00000	0.00000	0.00009	0.02768
	2	0.00000	0.00000	0.00027	0.00000	0.00000	0.00627
	3	0.00000	0.00000	0.00000	0.00026	0.00000	0.00000
	4	0.00000	0.00000	0.00000	0.00000	0.00016	0.00000
	5	0.00000	0.00000	0.00000	0.00000	0.00000	0.01192
	6	0.00000	0.00000	0.00000	0.00000	0.00000	0.00000
	⋮	0.00000	0.00000	0.00000	0.00000	0.00000	0.00000
	15	0.00000	0.00000	0.00000	0.00000	0.00000	0.00000
固定資本2	0	0.92096	1.50119	1.78096	1.70618	1.55070	0.54797
	1	0.00000	0.91104	0.10709	0.08339	1.03488	0.02768
	2	0.00000	0.00000	1.12880	0.10561	0.03796	1.57100
	3	0.00000	0.00000	0.00000	1.12880	0.10561	0.03598
	4	0.00000	0.00000	0.00000	0.00000	1.03897	0.07764
	5	0.00000	0.00000	0.00000	0.00000	0.00000	0.94147
	6	0.00000	0.00000	0.00000	0.00000	0.00000	0.00000
	⋮	0.00000	0.00000	0.00000	0.00000	0.00000	0.00000
	15	0.00000	0.00000	0.00000	0.00000	0.00000	0.00000
固定資本3	0	0.43310	0.02234	0.01767	0.41755	0.07823	0.54797
	1	0.00000	0.40882	0.02234	0.01767	0.41755	0.07823
	2	0.00000	0.00000	0.29164	0.02234	0.01767	1.35624
	3	0.00000	0.00000	0.00000	0.29164	0.02234	0.05873
	4	0.00000	0.00000	0.00000	0.00000	0.29164	0.05809
	5	0.00000	0.00000	0.00000	0.00000	0.00000	0.84305
	6	0.00000	0.00000	0.00000	0.00000	0.00000	0.00000
	⋮	0.00000	0.00000	0.00000	0.00000	0.00000	0.00000
	39	0.00000	0.00000	0.00000	0.00000	0.00000	0.00000

単位：10^{12} 元

表 A.2 展望計画に於ける年齢別種類別産出量時系列（続 1）

部門	年齢	1995	1996	1997	1998	1999	2000
固定資本 4	0	0.01034	0.08524	0.08394	0.11651	0.79660	0.54797
	1	0.00000	0.01034	0.00014	0.00014	0.00005	0.00000
	2	0.00000	0.00000	0.00076	0.00013	0.00000	0.00099
	3	0.00000	0.00000	0.00000	0.00071	0.00013	0.00000
	4	0.00000	0.00000	0.00000	0.00000	0.00062	0.00243
	5	0.00000	0.00000	0.00000	0.00000	0.00000	0.00498
	6	0.00000	0.00000	0.00000	0.00000	0.00000	0.00000
	⋮	0.00000	0.00000	0.00000	0.00000	0.00000	0.00000
	9	0.00000	0.00000	0.00000	0.00000	0.00000	0.00000
固定資本 5	0	0.47924	0.29292	0.27718	0.31359	0.40526	0.54797
	1	0.00000	0.47924	0.00360	0.00398	0.07476	0.01830
	2	0.00000	0.00000	0.03638	0.00357	0.00337	1.09121
	3	0.00000	0.00000	0.00000	0.03638	0.00357	0.01972
	4	0.00000	0.00000	0.00000	0.00000	0.03638	0.03754
	5	0.00000	0.00000	0.00000	0.00000	0.00000	0.66747
	6	0.00000	0.00000	0.00000	0.00000	0.00000	0.00000
	7	0.00000	0.00000	0.00000	0.00000	0.00000	0.00000
原材料	1	-	1.10666	0.44480	0.34963	0.32345	0.28128	0.82195
	2	-	6.74796	2.25179	2.67144	2.55926	2.32604	0.82195
	3	-	0.04973	0.03351	0.02650	0.62633	0.11735	0.82195
	4	-	0.43646	0.12787	0.12591	0.17476	1.19491	0.82195
	5	-	1.06864	0.43938	0.41577	0.47038	0.60788	0.82195
	6	-	0.29998	0.13966	0.15712	0.15037	0.22884	0.82195
消費財	1	-	0.05389	0.59306	0.46617	0.43127	0.37504	1.09594
	2	-	0.07140	3.00239	3.56191	3.41235	3.10139	1.09594
	3	-	0.02364	0.04467	0.03534	0.83510	0.15647	1.09594
	4	-	0.05366	0.17049	0.16788	0.23302	1.59321	1.09594
	5	-	0.02279	0.58584	0.55436	0.62717	0.81051	1.09594
	6	-	0.03068	0.18622	0.20950	0.20050	0.30512	1.09594

単位：10^{12} 元

表 A.3　展望計画に於ける年齢別双対価格時系列

部門	年齢	1996	1997	1998	1999	2000
固定資本1	0	0.00489	0.00000	0.00000	0.00000	0.32123
	1	0.00000	0.00000	15.9893	0.00000	0.32123
	2	0.00000	0.00000	0.00000	0.00000	0.32123
	3	0.00000	0.00000	0.00000	0.00000	0.32123
	4 -9	0.00000	0.00000	0.00000	0.00000	0.00000
	10	0.00000	0.00000	0.00000	0.00000	0.32123
	11-5	0.00000	0.00000	0.00000	0.00000	0.00000
固定資本2	0	0.00000	0.00000	0.00000	0.00000	0.29496
	1	8.13453	0.00276	0.00000	0.00000	0.00000
	2	8.13453	2.12910	0.01161	0.00000	0.00000
	3	8.13453	2.12910	2.13427	0.00000	0.00000
	4	5.79959	2.12910	2.13427	2.07138	0.00000
	5	6.71811	0.41718	2.13427	2.07138	0.93725
	6	5.46842	1.09062	0.42235	2.07138	0.93725
	7	6.30460	0.17438	1.09579	0.35946	0.93725
	8	1.63645	0.76262	0.00000	0.76262	0.00000
	9	8.13453	0.76538	0.76262	0.00000	0.32123
	10	8.13453	2.12910	0.77423	0.76262	0.00000
	11	8.13453	2.12910	2.13427	0.76262	0.32123
	12	5.79959	2.12910	2.13427	2.07138	0.32123
	13	5.67796	0.41718	2.13427	2.07138	0.93725
	14	5.46842	0.32800	0.42235	2.07138	0.93725
	15	5.26444	0.17438	0.33317	0.35946	0.93725

表 A.4 展望計画に於ける年齢別双対価格時系列（続 1）

部門	年齢	1996	1997	1998	1999	2000
固定資本3	0	0.00000	0.43819	0.52942	0.39434	0.33165
	1	0.00000	0.01659	0.52942	0.39434	0.21798
	2	0.00000	0.00000	0.31965	0.39434	0.21798
	3	0.00000	0.00000	0.00000	0.39434	0.21798
	4	0.00000	0.00000	0.00000	0.00000	0.21798
	5-7	0.00000	0.00000	0.00000	0.00000	0.00000
	8	5.00938	0.43819	0.52942	0.39434	0.33165
	9	0.00000	0.66193	0.52942	0.39434	0.21798
	10	0.00000	0.00000	0.31965	0.39434	0.21798
	11	0.00000	0.00000	0.00000	0.39434	0.21798
	12	0.00000	0.00000	0.00000	0.00000	0.21798
	13-5	0.00000	0.00000	0.00000	0.00000	0.00000
	16	5.00938	0.43819	0.52942	0.39434	0.33165
	17	0.00000	0.66193	0.52942	0.39434	0.21798
	18	0.00000	0.00000	0.31965	0.39434	0.21798
	19	0.00000	0.00000	0.00000	0.39434	0.21798
	20	0.00000	0.00000	0.00000	0.00000	0.21798
	21-3	0.00000	0.00000	0.00000	0.00000	0.00000
	24	5.00938	0.43819	0.52942	0.39434	0.33165
	25	0.00000	0.66193	0.52942	0.39434	0.21798
	26	0.00000	0.00000	0.31965	0.39434	0.21798
	27	0.00000	0.00000	0.00000	0.39434	0.21798
	28	0.00000	0.00000	0.00000	0.00000	0.21798
	29-31	0.00000	0.00000	0.00000	0.00000	0.00000
	32	5.00938	0.43819	0.52942	0.39434	0.33165
	33	0.00000	0.66193	0.52942	0.39434	0.21798
	34	0.00000	0.00000	0.31965	0.39434	0.21798
	35	0.00000	0.00000	0.00000	0.39434	0.21798
	36	0.00000	0.00000	0.00000	0.00000	0.21798
	37-9	0.00000	0.00000	0.00000	0.00000	0.00000

表 A.5 展望計画に於ける年齢別双対価格時系列 (続 2)

部門	年齢	1996	1997	1998	1999	2000
固定資本 4	0	10.3794	0.00000	0.00000	0.00000	0.25750
	1	0.00000	5.93822	0.00000	0.00000	0.00000
	2	0.00000	0.00000	0.00000	0.00000	0.00000
	3	0.00000	0.00000	0.00000	0.00000	0.00000
	4-9	0.00000	0.00000	0.00000	0.00000	0.00000
固定資本 5	0	0.04715	0.00000	0.00000	0.00000	0.30149
	1	0.00000	0.32995	0.00000	0.00000	0.00000
	2	0.00000	0.00000	0.96922	0.00000	0.00000
	3	0.00000	0.00000	0.00000	0.00000	0.00000
	4-7	0.00000	0.00000	0.00000	0.00000	0.00000
原材料	1	-	0.00000	0.00000	0.09795	0.10215	0.06578
	2	-	0.00000	0.45342	0.31552	0.25141	0.19804
	3	-	0.00000	0.00000	0.00000	0.00000	0.16007
	4	-	0.00000	0.00000	0.00000	0.18361	0.05361
	5	-	0.00000	0.00000	0.13480	0.15842	0.12266
	6	-	0.00000	0.00000	0.00000	0.11600	0.02440
消費財	1	-	0.00000	0.00000	0.11230	0.06361	0.02550
	2	-	0.00000	0.85691	0.31225	0.13639	0.05586
	3	-	0.00000	0.00000	0.00000	0.00000	0.02367
	4	-	0.00000	0.00000	0.22334	0.13520	0.10758
	5	-	0.00000	0.00606	0.18763	0.10504	0.02395
	6	-	0.00000	0.00000	0.17977	0.12470	0.09296

表 A.6　固定資本束縛に依る年齢別産出量時系列

部門	年齢	1995	1996	1997	1998	1999	2000
固定資本1	0	0.03348	0.29713	0.23300	0.21556	0.18745	0.54778
	1	0.00000	0.03348	0.00000	0.00000	0.00009	0.02767
	2	0.00000	0.00000	0.00027	0.00000	0.00000	0.00627
	3	0.00000	0.00000	0.00000	0.00026	0.00000	0.00000
	4	0.00000	0.00000	0.00000	0.00000	0.00016	0.00000
	5	0.00000	0.00000	0.00000	0.00000	0.00000	0.01191
	6	0.00000	0.00000	0.00000	0.00000	0.00000	0.00000
	⋮	0.00000	0.00000	0.00000	0.00000	0.00000	0.00000
	15	0.00000	0.00000	0.00000	0.00000	0.00000	0.00000
固定資本2	0	0.92096	1.50048	1.78033	1.70558	1.55015	0.54778
	1	0.00000	0.90946	0.11085	0.07922	1.04461	0.02767
	2	0.00000	0.00000	1.12726	0.11085	0.03539	1.53488
	3	0.00000	0.00000	0.00000	1.12726	0.05368	0.08401
	4	0.00000	0.00000	0.00000	0.00000	1.08295	0.04664
	5	0.00000	0.00000	0.00000	0.00000	0.00000	0.95965
	6	0.00000	0.00000	0.00000	0.00000	0.00000	0.00000
	⋮	0.00000	0.00000	0.00000	0.00000	0.00000	0.00000
	15	0.00000	0.00000	0.00000	0.00000	0.00000	0.00000
固定資本3	0	0.43310	0.02345	0.01647	0.41740	0.07821	0.54778
	1	0.00000	0.40860	0.02345	0.01647	0.41740	0.07821
	2	0.00000	0.00000	0.29161	0.02345	0.01647	1.35257
	3	0.00000	0.00000	0.00000	0.29161	0.02345	0.05475
	4	0.00000	0.00000	0.00000	0.00000	0.29161	0.07611
	5	0.00000	0.00000	0.00000	0.00000	0.00000	0.83185
	6	0.00000	0.00000	0.00000	0.00000	0.00000	0.00000
	⋮	0.00000	0.00000	0.00000	0.00000	0.00000	0.00000
	39	0.00000	0.00000	0.00000	0.00000	0.00000	0.00000

単位：10^{12} 元

表 A.7 固定資本束縛に依る年齢別産出量時系列（続 1）

部門	年齢	1995	1996	1997	1998	1999	2000
固定資本 4	0	0.01034	0.08563	0.08537	0.11647	0.79632	0.54778
	1	0.00000	0.01034	0.00014	0.00014	0.00009	0.00000
	2	0.00000	0.00000	0.00076	0.00014	0.00000	0.00000
	3	0.00000	0.00000	0.00000	0.00071	0.00000	0.00000
	4	0.00000	0.00000	0.00000	0.00000	0.00071	0.00000
	5	0.00000	0.00000	0.00000	0.00000	0.00000	0.00840
	6	0.00000	0.00000	0.00000	0.00000	0.00000	0.00000
	⋮	0.00000	0.00000	0.00000	0.00000	0.00000	0.00000
	9	0.00000	0.00000	0.00000	0.00000	0.00000	0.00000
固定資本 5	0	0.47924	0.29018	0.27708	0.31348	0.40511	0.54778
	1	0.00000	0.47924	0.00375	0.00378	0.07475	0.01829
	2	0.00000	0.00000	0.03639	0.00375	0.00314	1.06693
	3	0.00000	0.00000	0.00000	0.03639	0.00375	0.06581
	4	0.00000	0.00000	0.00000	0.00000	0.03639	0.02556
	5	0.00000	0.00000	0.00000	0.00000	0.00000	0.65700
	6	0.00000	0.00000	0.00000	0.00000	0.00000	0.00000
	7	0.00000	0.00000	0.00000	0.00000	0.00000	0.00000
原材料	1	-	1.10666	0.44569	0.34950	0.32334	0.28118	0.82167
	2	-	6.74796	2.25072	2.67050	2.55836	2.32523	0.82167
	3	-	0.04973	0.03517	0.02471	0.62611	0.11731	0.82167
	4	-	0.43646	0.12844	0.12806	0.17470	1.19449	0.82167
	5	-	1.06864	0.43526	0.41562	0.47022	0.60767	0.82167
	6	-	0.29998	0.14030	0.15807	0.15032	0.22876	0.82167
消費財	1	-	0.05389	0.59426	0.46600	0.43112	0.37491	1.09555
	2	-	0.07140	3.00096	3.56066	3.41115	3.10030	1.09555
	3	-	0.02364	0.04689	0.03295	0.83481	0.15641	1.09555
	4	-	0.05366	0.17125	0.17074	0.23293	1.59265	1.09555
	5	-	0.02279	0.58035	0.55416	0.62695	0.81023	1.09555
	6	-	0.03068	0.18706	0.21076	0.20043	0.30501	1.09555

単位：10^{12} 元

表 A.8　労働資源制約に依る年齢別産出量時系列

部門	年齢	1995	1996	1997	1998	1999	2000
固定資本1	0	0.03348	0.00309	0.00303	0.00200	0.00154	0.00449
	1	0.00000	0.00035	0.00000	0.00000	0.00000	0.00038
	2	0.00000	0.00000	0.00000	0.00000	0.00000	0.00000
	3	0.00000	0.00000	0.00000	0.00000	0.00000	0.00000
	⋮	0.00000	0.00000	0.00000	0.00000	0.00000	0.00000
	15	0.00000	0.00000	0.00000	0.00000	0.00000	0.00000
固定資本2	0	0.92096	0.02195	0.02262	0.02391	0.01269	0.00449
	1	0.00000	0.01200	0.01546	0.01705	0.01651	0.01269
	2	0.00000	0.00000	0.00000	0.00000	0.00055	0.00903
	3	0.00000	0.00000	0.00000	0.00000	0.00000	0.00000
	⋮	0.00000	0.00000	0.00000	0.00000	0.00000	0.00000
	15	0.00000	0.00000	0.00000	0.00000	0.00000	0.00000
固定資本3	0	0.43310	0.00376	0.00410	0.00355	0.01372	0.00449
	1	0.00000	0.00507	0.00376	0.00410	0.00355	0.01372
	2	0.00000	0.00000	0.00000	0.00000	0.00026	0.00589
	3	0.00000	0.00000	0.00000	0.00000	0.00000	0.00000
	⋮	0.00000	0.00000	0.00000	0.00000	0.00000	0.00000
	39	0.00000	0.00000	0.00000	0.00000	0.00000	0.00000

単位：10^{12} 元

表 A.9 労働資源制約に依る年齢別産出量時系列（続 1）

部門	年齢	1995	1996	1997	1998	1999	2000
固定資本	0	0.01034	0.00092	0.00096	0.00104	0.00100	0.00449
	1	0.00000	0.00017	0.00001	0.00001	0.00001	0.00007
	2	0.00000	0.00000	0.00000	0.00000	0.00000	0.00000
	⋮	0.00000	0.00000	0.00000	0.00000	0.00000	0.00000
4	9	0.00000	0.00000	0.00000	0.00000	0.00000	0.00000
固定資本	0	0.47924	0.00328	0.00348	0.00439	0.00794	0.00449
	1	0.00000	0.00635	0.00050	0.00053	0.00040	0.00794
	2	0.00000	0.00000	0.00000	0.00000	0.00005	0.00708
	3	0.00000	0.00000	0.00000	0.00000	0.00000	0.00000
	⋮	0.00000	0.00000	0.00000	0.00000	0.00000	0.00000
5	7	0.00000	0.00000	0.00000	0.00000	0.00000	0.00000
原材料	1	-	1.10666	0.00463	0.00455	0.00300	0.00230	0.00673
	2	-	6.74796	0.03293	0.03393	0.03586	0.01904	0.00673
	3	-	0.04973	0.00564	0.00615	0.00533	0.02057	0.00673
	4	-	0.43646	0.00137	0.00144	0.00155	0.00150	0.00673
	5	-	1.06864	0.00492	0.00523	0.00658	0.01191	0.00673
	6	-	0.29998	0.00139	0.00147	0.00176	0.00187	0.00673
消費財	1	-	0.05389	0.00618	0.00606	0.00400	0.00307	0.00897
	2	-	0.07140	0.04390	0.04524	0.04781	0.02539	0.00897
	3	-	0.02364	0.00753	0.00820	0.00711	0.02743	0.00897
	4	-	0.05366	0.00183	0.00192	0.00207	0.00199	0.00897
	5	-	0.02279	0.00656	0.00697	0.00878	0.01588	0.00897
	6	-	0.03068	0.00185	0.00196	0.00234	0.00250	0.00897

単位：10^{12} 元

索 引

欧文

Канторович 137
Cambridge 方程式 13, 15, 16, 18, 49
DOSSO 140
Fujimori, Y. 15, 83, 94, 111
Jordan 標準形 44
Markov 過程 25
Markov 過程 33
Marx 127
Marx-Sraffa-von Neumann 模型 137
Marx-Sraffa 模型 37, 56, 112
Marx 型 2 部門模型 94
Marx 基本定理 8, 115, 128
Moore-Penrose 擬似逆行列 38, 61, 75, 77, 142
Morishima, M. 107
Perron-Frobenius 定理 6, 7, 25, 37, 39, 115, 129
Ruchti-Lohmann 効果 21
SON 経済 1, 112, 127, 128
Spearman の順位相関係数 134
Sraffa, P. 1, 78, 111
Sraffa-Fujimori 方式 111, 127, 138
Sraffa 比率 12
Turnpike 84, 103, 140

von Neumann-Leontief 経済 111, 118
von Neumann 数量均衡 84
von Neumann 数量比 84
von Neumann 成長率 84, 94

あ

浅田統一郎 1
粗蓄積率 17, 18
粗利潤 16, 17
粗利潤率 16-18
一点投入一点産出 38
置塩・中谷の縮約 1, 3, 34, 38, 51, 112
置塩信雄 1, 107

か

階数条件 42
拡大再生産表式 107
掛谷の定理 23
価値 129
華羅庚 37, 61
擬似逆行列 42
基礎財 41
強 Turnpike 定理 109, 143
共鳴（於固定資本投資） 23
均等利潤率 2, 8, 11, 15, 41, 65, 75, 129, 131
経済的耐用年数 63, 75, 77
限界固定資本係数 111, 114, 116, 120
減価償却 16, 21-23, 26, 27, 81, 96,

114, 128
減価償却（会計制度）の意義　7
減価償却法則　33
減価償却率　2, 23, 26, 27
更新係数　15
更新大修理　96
更新理論　21
構造・分配指標　99
越村信三郎　17
固定資本　2, 9, 21, 63, 96, 127
固定資本粗投資　114
固定資本粗投資マトリックス　111
固定資本純投資　22, 114
固定資本束縛　146
固定資本の能率　63, 64
固定資本-労働比率　133, 134
固有値　61
固有値問題　37

さ

最小多項式　24
産業連関表　83, 85, 94, 111, 116
資本成長率　99
資本の有機的構成　99, 127, 130, 134
消費投資曲線　84, 85
剰余価値率　99, 127, 130, 131
数量不安定　40, 56, 60
斉一成長率　15, 41, 65, 75
生産価格　2, 12, 38, 40, 41, 44, 129
生産価格安定　40
生産価格-価値比率　130, 134
生産価格不安定　56, 60
正則変換　3, 45
成長率　15, 49
絶対的生産価格　129

線型計画　37, 65, 75–77, 103, 118, 137, 139
潜在価格　140
双対不安定性　37
損益計算書　16
存在量　22

た

短期線型計画問題　119
短期双対問題　119
賃金利潤曲線　80, 111, 120, 122
展望計画論　138
特異値分解　42

な

内部留保　17
中谷武　1

は

廃棄量　22
発生的工程生成　3
非基礎財　47
非結合生産　8
非結合生産系　37
標準因子　8
標準商品　1, 7
標準体系　8, 111, 114
藤森頼明　12
物理的耐用年数　63, 73, 75
不動点　115
部門比率　99

ま

名目存在量　23

や

焼入効果　69, 72, 79
山田克巳　21
山田欽一　21
山田・山田模型　21

ら

利潤率　99

著者紹介

李 幫喜 (LI Bangxi)
　　り　ほうき
中国清華大学社会科学学院経済学研究所専任講師.
1978 年 12 月生まれ,2012 年 6 月 20 日早稲田大学博士(経済学).
2012 年 4 月同大学政治経済学部助手を経て,2013 年 12 月以来現職.
2013 年以来『清華政治経済学報』編集部主任.

〈主要業績〉

藤森頼明,李幫喜 (2014),《馬克思経済学与数理分析》(中国語),北京:社会科学文献出版社.
Li, Bangxi (2014), "Fixed Capital and Wage-Profit Curves — à la von Neumann-Leontief: China's Economy 1987-2000," *Research in Political Economy*, Vol. 29, pp. 75-93.
李幫喜,藤森頼明 (2014),馬克思的価値理論与聯合生産:一個線型経済学的視角,『政治経済学評論』第 4 期,198-213 頁.
李幫喜,藤森頼明 (2014),馬克思—斯拉法模型与固定資本:兼論剣橋方程式的成立条件,『経済学家』第 5 期,5-17 頁.
Li, Bangxi and Yoriaki Fujimori (2013), "Fixed Capital, Renewal Dynamics and Marx-Sraffa Equilibrium," pp. 51-72, in Kasamatsu M. (ed.), *Macro- and Microeconomic Foundations*, Tokyo: Waseda University Press.
李幫喜 (2011),藤森頼明「Marx-Sraffa 均衡と固有値問題」『季刊 経済理論』48 (3),56-68 頁.
李幫喜 (2008)「中国産業連関表と線型経済理論」『季刊 経済理論』45 (2),66-71 頁.
他多数.

線型経済理論と中国経済のターンパイク
―― Marx, Sraffa, von Neumann を基礎として

2015年9月30日　第1刷発行　　　定価（本体4500円＋税）

著　者　　李　　　　幫　　喜

発行者　　栗　　原　　哲　　也

発行所　株式会社　日本経済評論社
〒101-0051　東京都千代田区神田神保町3-2
電話　03-3230-1661　FAX　03-3265-2993
E-mail：info8188@nikkeihyo.co.jp
URL：http://www.nikkeihyo.co.jp/

装幀＊渡辺美知子　　印刷＊藤原印刷・製本＊誠製本

乱丁落丁本はお取替えいたします。　　Printed in Japan
Ⓒ LI Bangxi 2015　　　　　　　　ISBN978-4-8188-2390-7

・本書の複製権・翻訳権・上映権・譲渡権・公衆送信権（送信可能化権を含む）は、㈳日本経済評論社が保有します。
・JCOPY〈㈳出版者著作権管理機構　委託出版物〉
本書の無断複写は著作権法上での例外を除き禁じられています。複写される場合は、そのつど事前に、㈳出版者著作権管理機構（電話 03-3513-6969，FAX 03-3513-6979，e-mail: info@jcopy.or.jp）の許諾を得てください。

若年者の雇用問題を考える
　　──就職支援・政策対応はどうあるべきか──
　　　　樋口美雄・財務省財務総合政策研究所編著　本体 4500 円

国際比較から見た日本の人材育成
　　──グローバル化に対応した高等教育・職業訓練とは──
　　　　樋口美雄・財務省財務総合政策研究所編著　本体 4500 円

実証国際経済学
　　　　　　　　　　　　　　吉田裕司著　本体 4000 円

デフレーション現象への多角的接近
　　　　　　　　　高崎経済大学産業研究所編　本体 3200 円

金融危機の理論と現実
　　──ミンスキー・クライシスの解明──
　　　　　　　クレーゲル著／横川信治編・監訳　本体 3400 円

現代国際通貨体制
　　　　　　　　　　　　　　奥田宏司著　本体 5400 円

EU の規制力
　　　　　　　　　　遠藤乾・鈴木一人編　本体 3600 円

所得分配・金融・経済成長
　　──資本主義経済の理論と実証──
　　　　　　　　　　　　　　西　洋著　本体 6400 円

グローバル資本主義論
　　──日本経済の発展と衰退──
　　　　　　　　　　　　　　飯田和人著　本体 3800 円

危機における市場経済
　　　　　　　　　　　　　　飯田和人編著　本体 4700 円

新自由主義と戦後資本主義
　　──欧米における歴史的経験──
　　　　　　　　　　　　　　権上康男編著　本体 5700 円

日本経済評論社